私营航天崛起

The Rise of Private Actors in the Space Sector

[奥] 达历山德拉·韦尔尼莱 (Alessandra Vernile) 著
张召才 等 译

中国宇航出版社
·北 京·

著作权合同登记号：图字：01－2021－0671号

图书在版编目（CIP）数据

私营航天崛起 / （奥）达历山德拉·韦尔尼莱（Alessandra Vernile）著；张召才等译. -- 北京：中国宇航出版社，2021.8

书名原文：The Rise of Private Actors in the Space Sector

ISBN 978-7-5159-1966-9

Ⅰ. ①私… Ⅱ. ①达… ②张… Ⅲ. ①私营企业－航天企业－企业发展－研究 Ⅳ. ①F407.5

中国版本图书馆CIP数据核字(2021)第165248号

责任编辑 张丹丹　　　**封面设计** 宇星文化

出版发行 中国宇航出版社

社　址 北京市阜成路8号　　**邮　编** 100830
(010)60286808　　(010)68768548

网　址 www.caphbook.com

经　销 新华书店

发行部 (010)60286888　　(010)68371900
(010)60286887　　(010)60286804(传真)

零售店 读者服务部
(010)68371105

承　印 天津画中画印刷有限公司

版　次 2021年8月第1版　　2021年8月第1次印刷

规　格 880×1230　　**开　本** 1/32

印　张 5.625　**彩　插** 2面　　**字　数** 162千字

书　号 ISBN 978-7-5159-1966-9

定　价 58.00元

本书如有印装质量问题，可与发行部联系调换

译者序

20世纪80年代以来，各国航天活动开始瞄准商业市场，因此航天活动的商业化程度越来越高，民营化、私有化也开始出现，这种趋势在20世纪90年代有了进一步发展。最近10余年来，随着大数据、云计算等信息技术，以及3D打印、智能制造等制造技术的迅猛发展，一大批私营企业、风投资本竞相涌入航天领域，美国、欧洲等国家或地区的私营航天快速崛起。这些私营航天企业以颠覆式创新技术和商业模式，不断验证新模式、催生新业态，为世界航天发展注入新的活力，并形成新的经济增长点。

2014年，中国国务院发布《关于创新重点领域投融资机制鼓励社会投资的指导意见》，提出鼓励民间资本研制、发射和运营商业遥感卫星，提供市场化、专业化服务，开辟了我国私营航天发展的新空间。几年来，我国私营航天快速发展，在商业遥感、AIS数据采集、商业小型运载火箭等领域不断取得突破，成为我国建设航天强国、发展航天产业的有益组成部分。

在此背景下，切实把握国外私营航天最新发展态势，洞察其政策环境、发展模式和未来趋势，对促进我国私营航天发展，具有重要的现实意义。因此，我们组织翻译了《私营航天崛起》一书，本书从政策机制和典型案例的角度出发，全面系统地分析了国外私营航天的发展情况，具有现实的借鉴和参考意义。

在翻译本书过程中，张鑫伟、夏禹、戴阳利、郭筱曦、崔彪、王翰林、郭文彧、冯彩虹、张兆龙、付郁、何慧东、苑艺、毕俊凯、吉龙、赵阳、刘思萌做出了重要贡献，在此一并表示感谢。

感谢中国航天科技国际交流中心、北京空间科技信息研究所等单位，在本书翻译和出版过程中给予的大力支持和无私帮助。

由于时间仓促及译者水平所限，译稿难免存在错误及疏漏之处，恳请广大读者批评指正。

张召才

2021年7月

鸣 谢

作者非常感谢受访者在项目过程中所做出的宝贵贡献和提出的见解，也衷心感谢欧洲空间政策研究所（ESPI）所长Jean-Jacques Tortora、ESPI研究协调员Sebastien Moranta和整个ESPI团队在报告的研究和编写过程中不断提供的帮助和支持。

最后，作者还要对意大利航天局的Gabriella Arrigo、Maria Cristina Falvella和Danilo Rubini以及意大利国际组织协会（SIOI）的Sara Cavelli一年来的支持表示感谢。

目　录

引　言

"旧航天"是缓慢的、官僚的、靠政府主导的、完全自上而下的。"旧航天"是NASA，它小心翼翼、踌躇不前，监督着每一个项目，下到只值几千美元的小部件。"旧航天"是波音、洛克希德和诺斯罗普·格鲁门公司。"旧航天"沐浴在"阿波罗"时代的荣光中，完全不清楚下一步该做什么。"新航天"是所有这一切的对立面。它是野蛮生长的，是商业化的、自我奋斗的、富有想象力的，甚至已经到了妄想的地步[①]。

J. Achenbach，《华盛顿邮报》

本研究的背景和理论基础

自太空时代开始以来，全世界的民用和军用航天活动基本上都是由各国政府推动的，并受到战略、政治和科学目标的激发。由于涉及高度复杂的系统、最先进的技术，以及需要大量的投资，特别是与进入空间相关的费用，企

① J. Achenbach, "Which way to space? Flights of fancy may launch the industry's future", The Washington Post, Nov. 23rd 2013. http://www.washingtonpost.com/sf/national/2013/11/23/ which-way-to-space/.

业进入航天领域的门槛很高，因此，除航天发射服务和卫星通信外[①]，一般认为航天是不适合进行商业经营的领域，航天领域的私营投资迄今为止十分有限。在美国和欧洲，对太空的探索和开发促进了能在一些细分市场上参与竞争的私营企业的发展，但航天系统研制、部署和运营仍然高度依赖于公共资金。

如今，这种现状正日益受到挑战。多项研究表明，对航天的公共投资催生出规模颇大、充满活力的天基服务和产品市场，而航天能力现在被广泛认为是应对经济、社会和环境多方面挑战的重要手段。在这种新背景下，一种颠覆性的、由商业利益驱动的进入空间的方式已然出现，其特点通常是雄心勃勃的声明和计划，旨在以新颖的方案和商业模式涉足航天市场。而在这个新的生态系统中，私营部门正在发挥日趋突出的作用，其最终目标是独立于政府开展航天业务。

这种新动态，通常被称为“新航天”（NewSpace），包含了广泛的、相互关联的趋势。尽管现在“新航天”的定义还没有得到普遍的认可，但可以分离出以下相关趋势（图 1）：

① 注：空间通信很快成为商业活动的关注领域，并产生了若干私营企业和商业利益驱动的政府间组织，这些组织最终在 21 世纪初电信行业自由化期间被私有化。当今，全球空间通信领域的绝大部分是由私营卫星通信运营商领导的，其基础是竞争激烈的国际卫星和发射服务采购市场。与此同时，特别是在这个开放的市场中，成立了各种私营航天发射服务提供商，包括海上发射（Sea Launch）公司、国际发射服务（ILS）公司和阿里安航天（Arianespace）公司等。

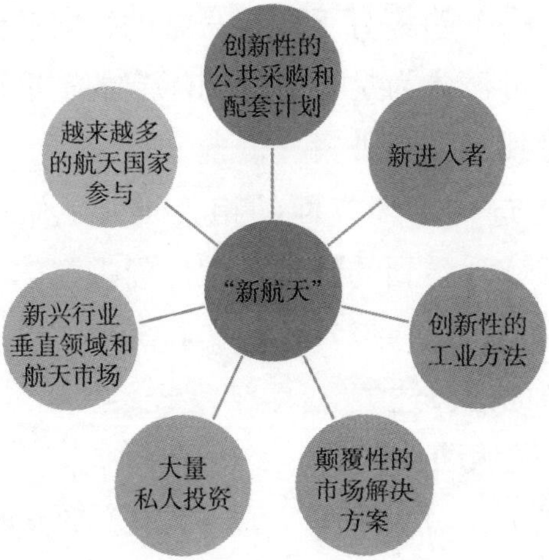

图 1　推动"新航天"领域动态发展的关键趋势

- 航天领域的新进入者，包括大型信息和通信技术（ICT）公司、初创企业和新兴创业企业；
- 创新性的工业方法，包括宣布并初步开发基于新流程的宏大项目；
- 颠覆性的市场解决方案，提供综合服务、低廉的价格、缩短的交货期、较低的复杂性或较高的性能等价值定位特性；
- 来自不同来源和涉及不同融资机制的大量私人投资；
- 以提供新型航天应用为目标的新兴行业垂直领域和航天市场；
- 创新性的公共采购和配套计划，涉及研发融资新机制和公私伙伴之间的成本 / 风险分担安排；
- 越来越多的航天国家参与投资以获得完整的航天能力，甚至开始发展国内航天工业基础。

虽然最后一个趋势对于理解完整的“新航天”生态系统很重要，但它可被认为是私营部门崛起的辅助因素。在研究过程中没有对其进行调研。

ESPI 已经进行了多方面的相关研究工作，分别调研了最近在航天领域观察到的推动私营部门崛起的具体趋势。然而，到目前为止，这些报告、论文和文章成果还未对这一新兴动态进行全面的概述。

ESPI 研究活动

在此背景下，意大利航天局（ASI）和欧洲空间政策研究所（ESPI）决定进行全面研究，以便彻底了解目前的情况，并最终为今后的研究奠定基础。

基于此总目标，本研究旨在：

- 收集关于“航天领域私人参与者的崛起”这一主题的公开信息和数据；
- 组织并整合这些信息，形成统一、连贯的主题；
- 确定航天政策参与者的主要利害关系和挑战；
- 为未来的航天政策研究提供建议。

本研究范围意在尽量广泛地涵盖政治、财政、法律和技术在内的所有趋势，这些趋势影响、推动或源自航天领域私人参与者的崛起。考虑到新动态的性质，本研究主要关注航天价值链上游的新兴私人参与者[①]。最后，从地理角度来看，本研究主要介绍了私营航天在美国和欧洲地区崛起的情况。

---

① 航天上游价值链在这里被定义为空间基础设施在轨部署之前的一系列活动，特别包括航天器的设计、研制、生产和发射。

为实现这些目标，本研究进行了初步的全貌性研究，重点是识别、收集和组织现有的信息和数据。本研究主要基于公开渠道，包括研究报告、会议文章、论文、报纸文章，同时也依赖研究人员与公共机构和商业公司进行交流获得的信息和数据。

利益相关方访谈与公共信息互为补充。利益相关方包括“新航天”参与者（初创企业、投资方）和传统航天参与者（航天局、航天相关机构和工业界）。

经过初步研究，调研以下 6 个主题：

第1章：创新性的公共采购和配套计划，陈述当前航天领域公共参与者（特别是国家航天局）对私人参与者所采取的战略立场转变

第2章：航天领域的私人投资，探讨航天领域私人投资的来源和机制

第3章：“新航天企业家”枢纽，展示在该领域观察到的新企业家精神及支持它的公共举措

第4章：私人参与者的新目标市场，调研私人参与者所带来的行业垂直领域和市场

第5章：法律制度，从商业角度考虑当前的空间法律和监管框架

第6章：精选成功案例，给出4个新兴私营企业的成功案例（SpaceX、Planet、PLD Space、D-Orbit）

本报告最终提供了广泛的信息和数据，内容涉及私人参与者在航天领域的崛起，经组织、整合为不同主题，涵盖了过去 10 年间有关航天领域格局的各种趋势。本报告以描述性形式编写，最后给出了关于该主题的未来分析研究的建议。

调研结果和结论

私人参与者在航天领域的作用更加突出的证据

本报告根据汇编的信息和数据，对推动私人参与者在航天领域崛起的趋势进行了事实分析。分析结果表明，航天领域正经历结构上的变化，而商业驱动型活动正日益挑战历史现状。

当今绝大部分航天活动仍是由政府推动的，私营企业充当公共计划的承包商并严重依赖于公共资金。尽管如此，最近观察到的各种趋势表明，私人参与者在该领域的投资不断增加，而且开始在面向商业的领域取得更重要的领导地位。如果这些趋势持续下去，它们将标志着航天活动已开始向日益商业化过渡，尤其是在美国和欧洲所关注的一些有前景的领域。

在所有趋势之中，本报告着重调研以下趋势：

新进入者

• 最近有相当多的公司进入或出现在航天领域。这些新进入者通常分为两类：

• 非航天公司，特别是大型信息和通信技术公司，如谷歌（Google）或脸书（Facebook），它们热衷于扩大业务范围，并充分依靠信息和通信技术与航天应用之间的交叉渗透。

• 新航天公司或初创企业，它们充分利用私人和/或公共资金来发起创新性的商业模式，并以颠覆性的解决方案应对新兴航天市场或现有航天市场。

• 这些新进入者正在用新流程、新模式或新解决方案来挑战航天计划中所采用的传统方法。它们的出现为老牌行业巨头创造了新机遇，但也带来了新挑战，老牌行业巨头不得不调整自身的战略，以适应这种新竞争。

创新性的工业方法

• 大部分新商业计划已证实打算在航天系统研制和生产中实施新方法，作为创新性商业模式的一部分。

• 这些创新方法的目的主要是降低成本，其根本目标是创造条件，要么以激进的定价方式打乱现有市场，要么设法应对新兴大众市场（参见下面的“颠覆性的市场解决方案”）。

• “新航天”参与者采用的新技术和新方法众多，包括但不限于行业组织结构优化、供应链合理化和垂直整合、微型化、成熟技术重复使用、规模经济、生产线自动化和数字化、标准化体系结构、使用商业现货或规格不足的现货，辅以风险规避手段（例如通过置换或在轨服务）。

颠覆性的市场解决方案

• 很多“新航天”商业计划都以制定具有颠覆现有或预测航天市场能力的解决方案为目标。为了更好地满足现有或潜在新客户的需求，“新航天”公司倾向于采用“颠覆”而非“优化”作为其业务战略的支柱。

• 这些解决方案不一定基于新技术，而是基于重新审视的概念方案，为动态创新提供方法。

• 尽管构成“新航天”全貌的解决方案具有多元性，但也可分离出一些作为“新航天”典型解决方案的价值定位特性：集成/定制（即采用交钥匙解决方案）、灵活性、可用性（即缩短交货期）、去复杂化或低廉价格等。

• 总的来说，“新航天”商业计划解决了当前航天领域众所周知的短板，提供了有应用前景的解决方案，但其商业模式的盈利能力和可持续性仍有待证明。

大量私人投资

• 在美国，随着新公司和初创企业的不断增多，私人对航天业的投资额也显著增加。目前存在多种投资来源，包括风险投资公司、天使投资、私人股权公司或银行，每种来源都有不同的投资机制。2010 年至 2015 年间，平均每年有 15 亿美元投资于航天初创企业。

• 私人投资专注于发展创业企业，通过应对短期工业目标及支持企业初创和规模扩大阶段，很好地补充了美国本已庞大的公共预算。

• 与2015年65.6亿欧元的欧洲政府综合预算相比，美国的民间资金相当可观。美国私人投资致力于培育商业行业的产生和增长，其投资额高于欧洲现有用于支持行业竞争力和创新性的资金，因此给欧洲航天业带来了新的压力。

新兴行业垂直领域和航天市场

• 新进入者的很大一部分是围绕新的行业垂直领域和航天市场开发商业模式。

• 在价值链下游，已为商业企业确定出多个发展潜力大的新市场，包括全球连通、地理信息服务、太空旅游、太空采矿等。提供此类新服务需要专门的系统，而这些系统又会随着具体解决方案的制定而影响上游活动。

• 在不断发展的上游垂直领域中，发射进入太空的立方体卫星或巨型星座等小型航天器数量激增，这为那些有意提供专用解决方案［如微型发射器、微型化系统、商业轨道运输服务（COTS）］的企业提供了发展动力。

• 私营企业的发展前景广阔，从现有市场的业务发展，到新出现的长期商业机会，不一而足。即使这些新市场的经济生存能力在今天仍不确定，但为解决这些问题而开发的项目，已经对包括传统参与者在内的整个行业产生了新的动态影响。

创新性的公共采购和配套计划

• 近年来实施的公共航天政策，尤其是美国的航天政策，对“新航天”生态系统的出现起到了重要作用。可以确定的是，正是有效的公共战略和有利的商业条件的成功结合促成了今天所观察到的趋势。

• 上述公共航天政策，特别是建立在私营企业发挥更突出的作用和参与更多投资基础上的公共采购方案，与传统的成本加成合同形成对比。除了成本和风险共担之外，这些新的公共采购方案还通过消除规定性限制，从根本上优化了行业组织结构，总体上提高了成本效益。

• 在出色的创新计划中，NASA 在 2006 年宣布启动 COTS 计划，旨在激励私营企业研制出能向国际空间站提供货物和乘员运输能力的运载火箭。该计划被认为卓有成效，并为航天领域公私伙伴之间建立新型协作关系铺平了道路。

在这种新背景下，大多数机构开始或继续调整其战略和工业政策，以培育私营航天事业的兴起、建立伙伴关系并重新调整其自身角色和采购模式。如今，可以预见，“新航天”未来的发展尽管受商业驱动，但也将高度依赖于新的公共战略的成功实施。

在本研究框架内，对公开来源信息和数据进行基于事实的广泛研究表明了“新航天”发展动态切实存在。本研究还确定了这一新兴生态系统的不同组成部分，并突出强调了驱动私营航天崛起的各种因素的复杂性及其之间的相互关系。因此，很明显，“新航天”的发展动态相当错综复杂，不能简单地概括为新型商业航天活动的突然出现。“新航天”实际上包括各种技术、政治和商业趋势，共同促成了私人参与者在航天领域发挥日趋突出的作用。

“传统”航天面临的机遇与挑战

当前观察到的趋势与美国近年来实施的商业化战略目标是一致的，甚至超过了这些目标。美国商业化战略目标是使私人参与者在航天活动中发挥更大的主导作用。如今，这些战略的成功要求公共参与者继续开展工作，不断适应日益变化的商业动态。欧洲则尤其应该如此，尽管有些出色的举措，但在激发和接纳私营企业领导力方面，欧洲仍远远落后于美国。从行业角度看，“新航天”的影响力远远超出了最近发起的“新航天”商业计划的影响力。它实际上也影响了传统商业航天参与者（即制造业、发射服务提供商和卫星运营商）的行为，他们渴望抓住这一新趋势带来的机遇，但同时也在为新的激烈竞争做着准备。

当前形势为各国政府提供了与私营企业建立更进取的伙伴关系，以促进私营航天发展，扩大航天活动社会经济影响的机遇。正如本研究所观察到的，“新航天”生态系统提供了更有利的基础，让公、私两方参与者分担成本和风险，在这种情况下既可以发展有利可图的商业业务，公共机构也可保持自身的战略地位。重新考虑传统采购机制和限制探索新型伙伴关系，通过放松机构对工业过程自上而下的控制，可使航天计划的成本效益得到极大优化。公共机构和私人参与者之间的关系可能会逐步演变。总的来说，在某些领域可能会发生局部变化的是公共机构的作用，他们从下单客户和行业监督的角色，转变为企业独立开发的产品和服务赞助者和消费者的角色。决策者所面临的主要挑战是达到适度平衡，以实现不同的战略目标，尤其是政府整体主权和经济增长之间的平衡。

从成熟的或“传统”的私营航天工业的立场来看，“新航天”既是机遇，也是挑战。航天事业的新领域、新模式由新企业开创，而在航天系统研制、生产、发射、运营等方面具有长期专业积累的工业公司，仍将发挥重要作用。通过调整自身模式，同时保护自身能力，“传统”参与者仍占据着大多数公共和商业市场，也可以在新兴生态系统中发挥领导作用。从这个角度看，各种伙伴关系和项目都突显了传统参与者抓住“新航天”动态机遇的兴趣和能力。然而，新的私人参与者的出现带来了更具雄心勃勃的战略，加快了市场的分裂，这是一个不可忽视的竞争威胁。从这个角度看，“新航天”生态系统对传统航天公司来说是具有挑战性的发展趋势。

美国，“新航天”生态系统的沃土

在美国和欧洲观察到的动态存在巨大的差异。美国在“新航天”领域似乎处于领先地位，绝大多数商业计划都在这里生根发芽。虽然必须指出，欧洲的“新航天”发展趋势尚未得到充分调研，但根据现有的资料和数据表明，欧洲的新动态出现较慢，而且通常比较缺乏效率。尽管目前还不能得出结论，但可以列出一些可能造成这种情况的原因：

- 与美国相比，欧洲促进企业家精神和/或让私人参与者在航天计划中发挥更突出作用的举措是最近才提出的；
- 由热爱航天的巨富发展成的新兴航天企业领导层，可能促成了其他新航天事业在美国的兴起；
- 不仅是在航天领域，总体而言，欧洲经济环境通常被认为对私营企业家不利；
- 欧洲的私人投资基础较弱；
- 欧洲市场分化和较低的需求（尤其是体制内的航天市场）影响了商业模式的潜在生存能力。

最近在多个欧洲国家出现了各种成功案例，将欧洲定位为美国在“新航天”领域的有力竞争者。

尽管如此，从竞争的角度来看，美国新私人参与者的快速兴起和成长，对于欧洲工业界作为航天系统和发射服务供应主要竞争者在全球航天领域的历史地位，构成了日益严重的威胁。

在高风险下调整欧洲模式以促进“新航天”趋势的出现，可能会成为提升甚至确保欧洲工业界竞争力和创新性的必要条件。

不确定的未来

今天观察到的私营航天崛起的未来实则相当不确定。当前趋势能否持续下去，在本质上将取决于两个互补的要素：商业成功和公共资金。的确，对于最近发起的各种尚未得到验证的创新商业模式，其盈利能力和可持续性将是未来私人航天投资必须考虑的因素，并将决定目前所观察到的趋势是否会真正持续下去。从这个角度出发，如前所述，公共机构调整其运作模式及有效支持“新航天”生态系统的意愿和能力将发挥重要作用。

未来研究方向

根据初步研究工作的结果，ESPI 打算在未来调研以下主题：

- **欧洲“新航天”：** 到目前为止，“新航天”趋势的现有数据和信息主要集中在美国，对欧洲情况的研究非常有限。然而，为了支持该领域未来的欧洲航天政策，必须向决策者提供有关“新航天”在欧洲兴起的透彻见解。例如，有关欧洲航天业用于初创和扩大规模的私人投资数据（价值与演进、融资来源与机制、驱动因素与障碍），以及有关新成立的欧洲航天公司的数据至今没有在公开报告中被调研过。

- **国家航天局模式转型：** 要抓住私营航天崛起的机遇，就需要重新评估且至少部分适应公共介入模式。NASA已经朝这个方向迈出了第一步。这种转型包含业务方面（如计划管理和采购机制），以及更偏向战略方面的考量（如工业政策和管理）。需要对该主题进行高层次研究，以便对转型的不同考虑因素和影响进行综述和更好的理解。
- **私人参与者对公共航天计划的贡献：** 在短期和更高的计划层面，私人参与者在诸如太空探索等不可预见领域的兴起引出了一个问题，即私人参与者在这些计划中可能做出的新贡献形式，以及在上述领域成功建立公私合营的前提条件。

第 1 章　创新性的公共采购和配套计划

1.1　NASA 创新计划

参与航天计划的航天机构和其他公共组织已明确表示愿意让私营企业发挥更大的作用，并相应地调整其产业政策和采购机制。为填补航天飞机退役后留下的空白，美国国家航空航天局（NASA）推出了“商业轨道运输服务”（COTS）计划及相关货物和人员转运能力供应和开发计划，这是公共部门创新计划中的一个成功案例。

1.1.1　轨道运输新方法的原理

航天飞机任务的目的是将大型有效载荷运送到近地轨道，完成国际空间站（ISS）的组装，为 ISS 提供货物运输、机组人员轮换以及执行航天任务的服务。航天飞机的最初目标是为 NASA 和美国国防部（DoD）提供便宜的军事、商业以及科学用途的航天发射通道。然而，从 1981 年到 2011 年，航天飞机计划因未能达到降低航天发射成本的目标而受到批评。1986 年挑战者号航天飞机失事后，人们甚至开始认为航天飞机计划倒不如先前的阿波罗计划[①]。

航天飞机在 30 年的运行期间共完成了 132 次飞行任务，但其意想不到的高成本严重限制了它的使用。从 1971 年到 2010 年，美国国会和 NASA 在航天飞机上花费了约 1 920 亿美元，这意味着每次发射的平均费用达到 12 亿 ~15 亿美元[②]。

2003 年，哥伦比亚号航天飞机的失事再次引发了一次探讨，即是否应该继续使用航天飞机。次年 1 月，布什政府发布了《太空探索新愿景》[③]，对哥伦比亚号的发射失利和 NASA 载人航天技术水平做出了回应。其中明确了航天飞机的主要任务是完成国际空间站的组装。它的退役将为重返月球、星座计划以及开发一种新的载人航天器（也称为“猎户座”飞船）节省资金。导致航天飞机退役的原因可以归纳为 4 点：

- 寿命：航天飞机的计划寿命只有 15 年，但却运行了 30 年。
- 风险：在其运行期间，发生了两起重大事故，涉及两架航天飞机［挑战者号（1986 年 1 月 28 日）和哥伦

---

① Tariq Malik, “NASA Delays Space Shuttle Program’s End to 2011”, Space.com, July 1st 2010. http://www.space.com/8694-nasa-delays-space-shuttle-program-2011.html.

② Data related to 2010 $PPP. Pielke Roger J, and Byerly Radford, “Shuttle programme lifetime cost”, Nature 472, 38, April 7th 2011. http://www.nature.com/nature/journal/v472/n7341/full/472038d.html#/author-information.

③ National Aeronautics and Space Administration (NASA), “The Vision For Space Exploration”, NASA, February 2004. https://history.nasa.gov/Vision_For_Space_Exploration.pdf.

比亚号（2003 年 2 月 1 日）]。航天飞机是造成航天员死亡人数最多的。

- 发射成本：新型航天创业公司的兴起以及这些公司以极低成本发射航天器的能力，都对终止航天飞机计划的决定造成了影响。
- 收益：随着两次事故的发生以及维护成本的增加，航天飞机在国际空间站建成后的收益将是有限的。

NASA 航天飞机计划的预期退役时间是 2010 年，这对美国未来将货物和机组人员转运到 ISS 以及将有效载荷运送到近地轨道的潜在能力带来了一系列问题。航天飞机的最后一次飞行任务于 2011 年 7 月 8 日至 21 日完成。

当时，NASA 正准备更新其发展架构：2010 年奥巴马总统的《美国国家航天政策》①② 审查了布什政府采取的路线。人类再次踏上月球的意愿被 21 世纪 30 年代中期实现登陆火星以及 2025 年造访小行星的目标所取代。在支持航天飞机的计划中，国际空间站仍然是一个核心问题，因为如果没有自己的航天运输系统为国际空间站提供服务，美国将不得不依靠俄罗斯来完成此项任务。奥巴马政府指示 NASA 依靠私

① The White House, “The National Space Policy of the United States of America”, The White House, June 28th 2010. https://www.whitehouse.gov/sites/default/files/national_space_policy_6-28-10.pdf.

② National Aeronautics and Space Administration (NASA)/The White House-Presidential Office, President Barack Obama on Space Exploration in the 21st Century. Remarks by the President On Space Exploration in the 21st century. NASA/White House, Press Release. April 15th, 2010. https://www.nasa.gov/news/media/trans/obama_ksc_trans.html.

人公司为 ISS 提供服务，并敦促 NASA 将重点放在近地轨道以外的新目标上。

选择使用商业飞船主要是因为预算压力：鉴于经济危机以及奥巴马政府随后于 2010 年对 NASA 实施的预算削减政策，降低进入空间的成本变得至关重要。随着航天飞机的退役，俄罗斯的联盟号飞船和进步号飞船将成为连接地球与国际空间站的唯一选择，由此形成的垄断局面将造成美国对俄罗斯的依赖并带来经济问题。

2008 年以来，俄罗斯联盟号飞船每个席位的价格稳步上升。2008 年，当美国航天飞机仍在运行时，联盟号飞船往返国际空间站的席位价格约为 2 180 万美元。航天飞机退役后，往返国际空间站的价格已增至每个席位 8 100 万美元（图 1-1）。在这种情况下，私人公司对降低国际空间站运行成本、恢复美国 NASA 载人航天能力以及重申美国在太空中的独立性将显得至关重要①。

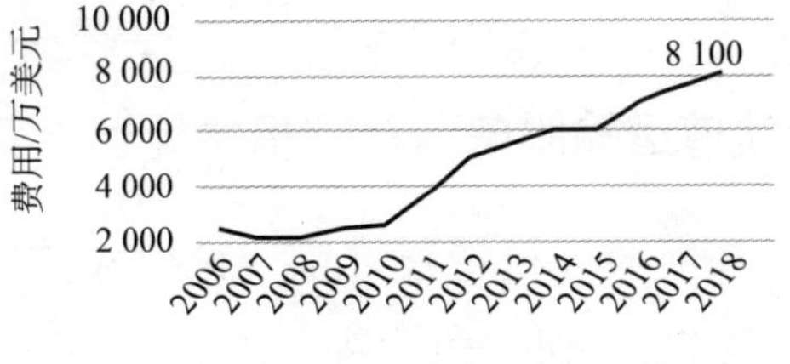

图 1-1　NASA 支付给俄罗斯运送航天员的费用
（数据来源：NASA，“Business Insider”）

① Mosher, Dave, “Russia is squeezing NASA for more than $3.3 billion—and there’s little anyone can do about it”, Business Insider, September 2nd 2016. http://www.businessinsider.de/astronautcost-per-soyuz-seat-2016-9?r=U.S.&IR=T.

2010 年“商业轨道运输服务”计划得到重新确立，其最终目的是为打破传统规则的私营企业敞开大门。如今，SpaceX 公司、波音公司和轨道 ATK 公司正在开发安全可靠的国际空间站货运服务，并有望在未来 3 年内使美国能完全自主地以合理的价格恢复国际空间站机组人员转运服务，从而实现曾经的航天飞机的任务目标。私营企业为 NASA 提供了一种经济高效的替代方案：SpaceX 公司的载人龙飞船和波音公司的 CST-100 星际客船（Starliner）计划将以每个席位 5 800 万美元的价格提供太空服务，这大大低于目前俄罗斯联盟号的价格[①]。

总之，对于 NASA 与目前航天市场中涌现的大量初创和中小企业的关系发展而言，财政方面的考虑正发挥着越来越重要的作用。美国希望借助这些私营企业的崛起来促进美国经济并刺激创新。因此，NASA 将继续为私营企业提供财政支持，并让这些公司参与到其未来里程碑的专项计划中以提高创造力。

1.1.2 “商业轨道运输服务”及其相关计划：新的采购计划

2006 年，在航天飞机退役之前，NASA 连同相关的“商业补给服务”（CRS）和“商业乘员开发”（CCDev）计划一起启动了“商业轨道运输服务”计划。这些计划由 NASA 商

① Colloredo, Lisa, “Commercial Crew: Launch America”. Presentation. The 44th Space Congress Proceedings. Paper 8. http://commons.erau.edu/space-congress-proceedings/proceedings-201644th/presentations-2016/8.

业载人和货运计划办公室（C3PO）管理，目的是填补航天飞机留下的空白，同时鼓励私营企业开发和演示具有载人航天能力的空间运输工具，用于服务国际空间站。作为交换，NASA 承诺将长期采购此类服务。

上述计划在载人航天领域引入了新型商业模式，不仅在美国国家航天史上留下了印记，还在公共部门和私营部门之间建立了一种共生关系。从前，商业公司基本上是根据 1958 年引入的“成本加成合同”，以承包商身份参与到 NASA 项目中的。现在，他们开始主动要求 NASA 改变这种惯例。NASA 依靠商业服务为自身及其相关活动注入了新的活力。从这个角度来看，新型的双赢伙伴关系将把 NASA 与私营部门联系起来[①]。这一愿景也得到了美国新政府的支持，美国政府希望私营企业在未来的民用近地轨道活动中发挥重要作用[②]。“商业轨道运输服务”及其相关计划并不是突然出现的，NASA 从对进入空间实施私有化计划开始，就为 COTS 计划奠定了基础。在成立 C3PO 之前，“国际空间站商业货运服务”（ICCS）由肯尼迪航天中心的 ISS 计划办公室管理。当 C3PO 建立 COTS 计划后，NASA 在 2005 财年预算中拨款 1.4 亿美元，用于实现在航天飞机退役后为国际空间站提供货运往返的购买、发射、运输及保障服务。

---

① Lampson, Nick, “Commercial space sector can help NASA to compete”, Outreach Strategists, July 28th 2009. https://www.outreachstrategists.com/commercial-space-sector-can-help-nasacompete/.

② Foust, Jeff, “Next steps for space policy”, The Space Review, November 14th 2016. http://www.thespacereview.com/article/3105/1.

COTS 计划必将为 C3PO 商业运输服务带来革新。2006 年，NASA 发布 2007 财年预算时，商业货运服务从 ISS 计划办公室移交给了探索系统任务局。探索系统任务局将“国际空间站商业货运服务”计划更改为“商业轨道运输服务”计划[①]。

NASA 制定了“商业载人计划”（CCP），以促进美国商业载人航天运输能力的发展，实现安全、经济地进入国际空间站和近地轨道的目标。与“商业补给服务”相似，NASA 投资了多家美国公司以设计和开发往返近地轨道和国际空间站的运输能力。NASA 一直在努力促进经济发展，资助新型商业领域的增长。为此，NASA 在“商业乘员开发”（CCDev）计划、“商业载人综合能力”（CCiCap）计划、认证产品合同（CPC）和“商业载人运输能力”（CCtCap）下拨出了大约 82 亿美元用于“空间法案协议”（SAA）和其他合同的制定[②]。

“商业乘员开发”是一个多阶段航天技术开发计划，其主要目的是鼓励开发用于近地轨道的私营载人航天器。该计划分为两个阶段，于 2010 年开始的 CCDev1 是该计划的第一阶段。NASA 向 5 家美国公司提供了 5 000 万美元的资

---

① National Aeronautics and Space Administration (NASA), “Commercial Orbital Transportation Services. A New Era in Spaceflight”. NASA/SP-2014-617. NASA, Feb. 2014. https://www.nasa.gov/sites/default/files/files/SP-2014-617.pdf.

② National Aeronautics and Space Administration (NASA), Commercial Crew Program-The Essentials. NASA. https://www.nasa.gov/content/commercial-crew-program-the-essentials/#.U_ung_IdUn3.

助，用于私营载人航天器的研发。这些资金将激励私营企业促进航天器、运载火箭和发射中止系统等系统和子系统的研发和成熟[①]（表 1-1）。

表 1-1　“商业乘员开发”计划第一阶段结果

所选公司	所得资金 / 百万美元
（美国）内华达山脉公司	20
波音公司	18
联合发射联盟	6.7
蓝色起源公司	3.7
完美太空发展公司	1.4

注：来源于 ESPI 分析、NASA。

第二阶段 CCDev2 于 2011 年发布。这次 NASA 向 4 家公司提供了 2.7 亿美元的资助，用于进一步开发和演示安全、可靠以及成本效益高的运输能力（表 1-2）。

表 1-2　“商业乘员开发”计划第二阶段结果

所选公司	所得资金 / 百万美元
波音公司	92.3
（美国）内华达山脉公司	80
SpaceX 公司	75
蓝色起源公司	22
联合发射联盟	无

注：来源于 ESPI 分析、NASA。

---

① National Aeronautics and Space Administration (NASA), CCDev Information. NASA. https://www.nasa.gov/offices/c3po/partners/ccdev_info.html.

此后，NASA 与能促进美国载人航天能力发展的公司开展合作，在执行“空间法案协议”的限定内，分别向波音公司和（美国）内华达山脉公司提供了 2 060 万美元和 2 560 万美元的资助。2012 年，蓝色起源（Blue Origin）公司还在无资金支持的情况下对第二阶段 CCDev2 计划进行了扩展[①]。

2012 年，NASA 继续通过“商业载人综合能力”和“商业载人运输能力”来发展载人航天。“商业载人综合能力”采取了与“商业乘员开发”计划相同的开发路线，将其资金分配给了 3 家公司（表 1-3 和表 1-4）。

表 1-3 “商业载人综合能力”

公司名称	所得资金 / 百万美元
波音公司	460
SpaceX 公司	440
（美国）内华达山脉公司	212.5

注：来源于 ESPI 分析、NASA。

表 1-4 “商业载人综合能力”和“商业载人运输能力”

公司名称	合同	年份	金额 / 亿美元	备注
SpaceX	COTS	2006	3.96	龙飞船
	CRS 1	2008	16	龙飞船（12 次飞行）
	CRS 1-E	2015	12	计划延期到 2018 年
	CCDev2	2011	0.75	载人龙飞船开发

① National Aeronautics and Space Administration (NASA), Commercial Crew Program-The Essentials. NASA. https://www.nasa.gov/content/commercial-crew-program-the-essentials/#.U_ung_IdUn3.

续表

公司名称	合同	年份	金额 / 亿美元	备注
SpaceX	CCiCap	2012	4.6	载人龙飞船成熟期
	CPC	2012	0.1	载人许可
	CCtCap	2014	26	龙飞船 V2 最后开发阶段
	CRS2	2016	9	2019—2024 年期间的 6 次任务
联合发射联盟	CCDev1	2010	0.67	宇宙神 -5（载人等级）
	CCDev2	2011	—	宇宙神 -5（载人等级）
蓝色起源公司	CCDev1	2010	0.37	发射中止系统
	CCDev2	2011	0.22	发射中止系统

注：来源于 ESPI 分析、NASA。

波音公司和 SpaceX 公司分别获得了 2 000 万美元的合同，内华达山脉公司也得到了 1 500 万美元的资金[①]。“商业载人运输能力”是商业综合运输系统计划的第二阶段，它将确保 NASA 选择符合安全和性能要求的公司合作，并将航天员运送到国际空间站。该计划为两家选定的公司提供了总计约 68 亿美元的资金，其中波音公司获得 42 亿美元，SpaceX

① National Aeronautics and Space Administration (NASA), Commercial Crew Program-The Essentials. NASA. https://www.nasa.gov/content/commercial-crew-program-the-essentials/#.U_ung_IdUn3.

公司获得26亿美元[①②]。

SpaceX公司和蓝色起源公司是NASA支持最多的公司。SpaceX率先成为第一家将人类送往国际空间站的商业公司。该公司根据与美国NASA签订的合同，已经开始向国际空间站运送货物。SpaceX公司主要通过与美国联邦机构的密切合作来赚钱，并将使用“龙”返回舱运送首批商业航天员前往国际空间站。在2016年9月猎鹰9号发生事故之后，SpaceX公司被迫推迟了将于2018年5月进行预演的首次商业载人发射计划。SpaceX公司商业载人发射工作进展的延误部分归因于缺乏经验丰富的载人航天领域专家团队。另一个原因可能是担心有丧生的风险。猎鹰9号事件引起了新的担忧，人们担心同样的技术问题可能会发生在载人飞船上，这将使一个巨大的成功转变为巨大的失败，并导致人员伤亡。从火星任务的角度来看，将丧生风险降到最低是SpaceX公司必须解决的主要挑战之一[③]。

在SpaceX公司应对安全问题的同时，蓝色起源公司

---

① National Aeronautics and Space Administration (NASA), Commercial Crew Program-The Essentials. NASA. https://www.nasa.gov/content/commercial-crew-program-the-essentials/#.U_ung_IdUn3.

② Messier, Doug. “NASA’s Commercial Cargo & Crew Spending”. Parabolic Arc, Mar. 7th 2017. http://www.parabolicarc.com/2017/03/07/nasas-commercial-cargo-crew-spending/.

③ Hillhouse, Jim. “Perspectives After the Fire: Long Road Ahead for SpaceX and NASA’s Commercial Crew Program”. America Space, Sept. 23rd 2016. http://www.amcricaspace.com/2016/09/23/perspectives-after-the-fire-long-road-ahead-for-spacex-and-nasas-commercial-crewprogram/.

也在努力成为这场新太空竞赛中的领军者。截至 2016 年年初，该公司已经能够进行太空飞行并成功着陆可重复使用飞行器两次。蓝色起源公司计划将人类送入太空："新谢泼德"（New Shepard）飞船可最多搭载 6 人，并计划于 2017 年年底开始亚轨道空间飞行，2018 年开始商业飞行。该公司在亚轨道和轨道发射能力方面取得的成就促进了载人航天未来的发展。尽管如此，NASA 仍主要支持 SpaceX 公司的龙飞船和波音公司的 CST-100 为国际空间站提供货运服务，而蓝色起源公司需自己寻找其他客户①。如果蓝色起源公司能够在未来继续取得成功的测验结果，它也许会赢得 NASA 更多的信任，并可能是第一家击败 SpaceX 公司和维珍银河（Virgin Galactic）公司运送航天员或太空游客前往太空的私营企业②。

1.2　制度变迁：从"系统订购客户"到"行业服务消费者"

私营企业的蓬勃发展给国家航天机构带来了巨大的挑战，他们会看到其角色从战略指导、技术和资金管理转变到

① Howell, Elisabeth. "Blue Origin: Quiet Plans for Spaceships". Space.com, Feb 29th 2016. http://www.space.com/19584-blue-origin-quiet-plans-for-spaceships.html.

② Calandrelli, Emily. "Blue Origin launches, lands the same rocket for the fourth time". TechCrunch, Jun. 19th 2016. https://techcrunch.com/2016/06/19/blue-origin-launches-lands-thesame-rocket-for-the-fourth-time/.

了新的位置，在这种新的关系中，他们将失去对私营企业自上而下的控制权。航天生态系统的这种演变取决于建立一种能够被政府和私营企业共同接受的新型经济模式。

1.2.1 公私合营

公私合营（PPP）模式最初是由欧洲各国政府在航天部门引入的。最突出的例子可能是英国国防部在 20 世纪 90 年代末为天网 5 号通信卫星的发展和运行建立的 Paradigm 计划，该卫星主要用于满足军事需求。伽利略计划也曾经考虑使用这种模式，但最终没有采用。欧洲空间局在与卫星通信运营商开展航天通信活动的框架中使用了公私合营模式。

PPP 模式是使私营部门和公共部门之间关系正规化的最常用工具之一。它优先应用于建立可运作的公共基础设施，这些基础设施的初始资金由私营部门提供，之后公共部门为满足自身需要而承诺长期使用该系统，这为私营部门带来了回报。

因为基础设施需要持续维护，所以 PPP 计划不仅给私营部门带来了初期融资的负担，也带来了技术风险。作为回报，公共部门做出的承诺大大降低了商业风险，工业界在计划的设计和实施方面比传统的公共采购框架拥有更大的自主权[①]。

预计 PPP 模式将在新的政治和法律框架中发挥作用，为

---

① W. Welser IV, “The democratization of space”, RAND Corporation, 28/3/2016. http://www.rand.org/blog/2016/03/the-democratization-of-space.html.

政府航天活动以及基础设施的商业利用建立支持机制。

1.2.2　更具雄心的计划

更加雄心勃勃的公私合营（PPP）计划是美国为摆脱其传统的公共采购框架、以更优惠的条件获得太空相关服务而采取的措施。它使私营企业在系统的设计、开发、部署和运营方面拥有更大的自主权。事实上，美国的新政策正在促进独立航天项目的兴起，为航天产业提供了不同的视野，使其成本更低且更易实施[①]。

SpaceX 公司、蓝色起源公司、轨道 ATK 公司等私营企业所采取的风险分担方式基于这样一种假设：即政府的长期承诺将使他们能够为商业客户提供最优惠的报价。这样做是为了创建一种有利于私营市场的良性循环[②]。SpaceX 公司的政府 - 私营企业合作范例颇为引人注目，NASA 和美国国防部联合资助了该公司发展面向全球市场的商业化发射服务。

展望未来，这种新的经济发展思路将有利于未来的太空探索任务，为 NASA 提供有竞争力的报价来满足其空间运输

---

① E. Berger, “Blue Origin just validated the new space movement”, ArsTechnica, 6/10/2016. http://arstechnica.com/science/2016/10/blue-origin-just-validated-the-new-space-movement/.

② G. Denis, X. Pasco, H. Huby, “The challenge of future space systems and services in Europe”, Fondation pour la Recherche Stratégique, June 4th 2015. https://www.frstrategie.org/publications/defense-et-industries/web/documents/2015/4-2.pdf.

需求[①]。

私营企业根据与 NASA 签订的合同开展工作，拥有对设计和开发的完全自主权，并能够实施不妥协成本削减政策[②]。美国政府对私营航天产业的支持有助于振兴国内航天业，以应对全球市场的崛起，促进商业空间能力和服务的使用，也意味着公共部门将控制权移交给私营航天企业，并放弃对空间基础设施的主导地位。

除了猎鹰 9 号运载火箭在商业市场取得成功外，NASA 新计划的具体成果还包括：建立了 NASA 商业载人货运计划、发展了 COTS 计划、NASA 和 SpaceX 公司之间就国际空间站补给服务合同达成了协议[③]。此外，COTS 计划和 CRS 计划也引起了私人投资者的关注。这个成功案例展示了公共部门和私营企业之间开展航天合作的优势，但这种合作只能由公共部门主导。

事实上，这样的计划深深地影响了 NASA 与私营企业之

① It should be noted that after the retirement of the Space Shuttle Programme at the end of 2010, NASA become tied to the Russian Soyuz. This, from a political viewpoint, accelerated the need to find an economic solution to restore U.S. capabilities in the human spaceflight area, especially because of rising political tensions with Russia.

② N. Lampson, "Commercial Space Sector can help NASA compete", Outreach Strategists, 28/7/2009. http://www.outreachstrategists.com/commercial-space-sector-can-help-nasa-compete/.

③ Eligar, Sadeh, "Public-Private Partnerships and the Development of Space Launch Systems in the United States", Astropolitics, 13:100–115, 2015, Routledge.

间的客户 / 供应商关系[①]，这种不断变化的关系要求 NASA 本身建立一种新的架构。NASA 正在适应航天产业中出现的新型生态系统[②]，政府航天机构的作用在未来的太空探索中将变得有所不同、更为有限，航天产业将不再完全由公共部门主导，而更多地是以一种公私合营的混合方式进行管理[③]。在这样一个框架内，公共部门将从完全掌握系统开发全部细节的全能型角色转变为消费者，充分利用私营企业在完全自主的情况下发展出的可用能力。

作为回报，只有进一步开放航天市场，才能实现降低成本的预期收益，投资者在开发和实现任务时将面临更高的风险，这样可以鼓励它们在激烈竞争的同时确保与政府机构的顺利合作[④⑤]。

---

① G. L. Martin, "New Space: The "Emerging" Commercial Space Industry", NASA Technical Reports Server, Jan. 11 2014. https://ntrs.nasa.gov/archive/nasa/casi.ntrs.nasa.gov/20140011156.pdf.

② Start up space. Rising Investment in Commercial Space Ventures", The Tauri Group, January 2016.

③ W. Lecky, "New Space and the role of public support—Part one", European Space Agency (ESA), May 2016. http://esamultimedia.esa.int/docs/business_with_esa/New_Space_and_the_role_of_public_support_Part1.pdf.

④ J. Blaumont, "Space Governance and Globalisation", pp. 167–185, in C. Al-Ekabi, B. Baranes, P. Hulsroj, A. Lahcen (Eds), "Yearbook of Space Policy 2014. The Governance of Space", European Space Policy Institute (ESPI), Springer, Vienna, 2016.

⑤ I. Thomson, "NASA: The future of space is public/private partnerships", The Register, March 3rd 2012. http://www.theregister.co.uk/2012/03/08/nasa_private_space_nasa/.

在实施这一计划的同时，应设法突破官僚壁垒，以保证公共资金的获得，并实现“民主化市场”[①]。

1.3 欧洲视角

毫无疑问，欧洲应预见到这种创新的商业模式对航天活动的潜在影响。从历史的角度来看，大西洋两岸航天产业的发展驱动力是完全不同的。美国私营企业新近的崛起是因为美国需要重申其在空间领域的地位并提高产业效率，但欧洲长期以来一直以一些经济理由作为其航天投资的条件。这些理由使欧洲航天产业在与发射服务、电信和遥感有关的所有开放的航天商业市场上占据了强有力的地位[②]。

尽管欧美航天部门之间存在着差异，但欧洲一直是商业航天的开拓者。然而，它现在正面临着新的挑战：需要追赶上目前私营企业崛起的脚步并接受即将到来的变革。

很明显，欧洲也想要建立一个类似美国的航天生态系统。基于预算方面的考虑，以及与竞争对手美国保持同等水平的要求，欧洲需要为私营企业留出更多的发展空间。然而，欧洲依然迟迟未能解决这个问题。随着欧盟委员会

① “The Facts Behind SPACE Act”, Press Release From: House Committee on Science, Space, and Technology, 21/5/2015. http://spaceref.com/news/viewpr.html?pid=45901.

② Peeters, Walter, “Effects of commercialisation in the European space sector”, Space Policy Journal 18 (2002) 199–204, August 2002.

2016 年 10 月发布的《欧洲空间战略》① 的出台，欧洲航天部门认识到他们也应该沿此路线发展。事实上，《欧洲空间战略》主要关注竞争力、独立性和针对私营企业制订的新资助计划。它提出的大多数措施旨在确保增强其竞争力和提供研发支持，以减少对非欧洲供应商的依赖，同时使航天产业成为经济增长的推动者和自主决策的重要贡献者。这需要航天部门与其他部门（主要是私营企业）之间产生协同增效效应。

欧盟委员会在推进欧洲投资计划和获得欧洲战略投资基金的基础上，创建了鼓励欧洲私营企业更敢于冒险并激发创造力的机制框架。由于环境的不断变化以及全球竞争的日益加剧，这一政策出台的时机变得尤为关键。它准确地强调了航天部门对欧洲的战略重要性，以及在特定领域进行合作的必要性，以此确保更多、更好地满足人们的需求以及获得新的经济发展机遇②。

欧洲航天部门为提高创造力、确保技术转移并促使私营企业大量参与而采取的新措施，显示了欧美之间的差异。欧洲的政治分裂使其更难克服困难来实现这一重大变革。欧洲

---

① European Commission. Communication from the Commission to the European Parliament, the Council, the European Economic and Social Committee and the Committee of the Regions. Space Strategy for Europe. COM (2016) 705 final. Brussels, 26th October 2016. https://ec.europa.eu/transparency/regdoc/rep/1/2016/EN/COM-2016-705-F1-EN-MAIN.PDF.

② Von Der Dunk, Frans G., “Private enterprise and public interest in the European ‘Spacescape’. Towards harmonized national space legislation for private space activities in Europe”, Institute of Air and Space Law. Faculty of Law, Leiden University. Leiden, 1998.

成员国之间更紧密的合作以及欧盟与欧洲空间局（ESA）之间的关系正常化，将是此类倡议成功发展的基础。此外，随着私营企业在航天产业中的进一步崛起，确保公平分配整个欧洲航天产业活动的政治必要性将成为一个重大挑战。

欧洲还可以从其向新型航天公司进一步开放机构市场中受益，以使航天机构更具竞争力，最大程度地提高其整体经济价值，并对国民经济和就业市场产生积极的影响。但是，欧盟仍然不愿意将自己在航天相关活动中的角色定位为主要的直接公共客户。它还是将自身定位在支持研发、直接资助基础设施、构建中央监管机构进行市场管理和需求汇总等更为传统的领域①。欧洲各国政府应采取行动确保它们对天基服务的长期需求，这有助于增强欧洲在航天产业中的竞争力和独立性。

在投资方面，欧洲新兴航天企业及其衍生企业的出现是值得一提的新趋势。欧盟方面正朝着未来的变革前进。新的《欧洲空间战略》预见到了这种演变，它计划结合欧洲投资计划和其他融资方案［例如地平线 2020 计划、欧洲企业和中小型企业竞争力计划（COSME）以及欧洲结构性融资计划］帮助航天私营企业打通融资渠道。这些融资计划将加强私营企业与欧洲投资银行或欧洲投资基金之间的对话，最终建立基金，以促进欧洲各地航天创业中心的创建，并加强欧

---

① R. Battiston, “Italia leader nella new space economy”, ASI, 18/10/2016. http://www.asi.it/it/news/italia-leader-nella-new-space-economy.

洲在太空中的自主权①。

从长远来看，可以设想在欧洲与航天产业界建立更多的合作关系，一旦建立起一个更强大、更具竞争力的欧洲市场，就可以按照以下思路来构建竞争力：

- 与私营企业一起制订更大胆的风险分担计划；
- 建立反映不同欧盟成员国国家能力的多个细分市场；
- 欧洲空间局在新航天领域开展一项参与程度更高的开发计划，为市场上的新兴企业带来切实利益；
- 有条理的法律框架，使私营企业能够获得投资；
- 为初创企业和中小型企业提供更灵活的运营框架。

可以在假设与航天私营企业建立合作关系的基础上来提出一些一般性建议，以促进私营企业进入市场、改革法律框架，进而将国家空间战略分为公共任务和私营任务两个部分。可以在3个不同的层面加强该合作框架：

- 财政方面：为采购私人投资项目提供资金，一种新的风险分担计划；
- 法律方面：制定一个法律和体制框架，为私营部门和公共部门之间的航天合作铺平道路，并确保私营企业在具体业务领域得到适当保护；
- 技术方面：建立技术共享计划并制定标准，以促进新技术的实施。

① P. B. de Selding, “EU’s new space policy to invest in start-ups, boost private investment”, Spacenews, Oct. 26th 2016. http://spacenews.com/eu-commissions-new-space-policy-to-invest-instartups-to-boost-private-investment/.

此外，这里必须重申的是，未来几年公共与私营航天部门的合作将对航天经济产生积极影响，并将有针对性地支持国家研发计划，以促进航天产业的进一步发展①。

① W. Lecky, “New Space and the role of public support. Pt-1”, May 2016, European Space Agency (ESA). http://esamultimedia.esa.int/docs/business_with_esa/New_Space_and_the_role_of_public_support_Part1.pdf.

第 2 章　航天领域的私人投资

2.1　航天领域的新投资来源和机制

传统航天和新航天之间的一个重要差别是投资的来源和机制。尽管公共资金在过去乃至现在仍然对新兴私营企业提供支持，但新航天生态系统的特点是有大量的私人投资。从这个角度看，新兴的新航天参与者也利用其他私人投资手段，支持他们的目标，即在独立于公共治理的航天市场中引入商业驱动的方法。

传统航天延续冷战时期太空竞赛思维，对航天领域的关注仍在航天体制上。这种对航天市场的看法与新航天企业家的看法相冲突，这些新航天企业家坚信，航天市场的特点是能够比目前的航天市场更快、更便宜地提供服务。私营企业追求的主要目标是可用性、可靠性和可负担性。这三点与传统的航天理念相冲突，特别是在可负担性和可用性方面。航天领域的大多数新兴初创企业都把重点放在这两个关键因素上，他们在寻求最优的进入空间的成本和空间系统产品，以实现更高的投资回报率。

《商业运输法案》（1984 年）、《商业修正法案》（2004 年）、《美国国家商业航天政策》（2008 年）、《商业航天发射竞争法案》(2015年)，以及奥巴马政府的《国家航天政策》都能够有利于商业航天领域在竞争激烈的国际环境中发展。这为创造一个新环境奠定了基础，促进了美国工业在全球市场上的地位，并利用公共预算制定未来的宏伟计划。从这一观点出发，分析人士根据商业航天领域和信息技术产业的活力和全球经济的进展，对两者的发展进行了一项有趣的对比①。

两者的公司数量和投资量都在增加。人们相信航天是一个具有经济前景的领域，而这一信念正在促使初创企业的快速增长，其基本假设是，这些初创企业会带来一些特定的优势特征，比如：

- 成本降低和具有竞争力的价格；
- 确保高效大规模生产的能力；
- 在产品和服务中快速采用新技术；
- 承担风险；
- 创业精神。

尽管私营企业利用创新技术颠覆现有市场的能力尚未得到证明，但私营企业的一个重要预期特征是，它们能够比公共部门更好地优化制造成本。在这方面，可以说鼓励私营企业参与航天市场的原因之一是，他们能够克服有限的公共预算带来的一些限制。

---

① S. Masunaga, “Why Investment in space companies is heating up”, The LA Times, July 7th 2016. https://latimes.com/business/la-fi-qa-space-investment-20160707-snap-story.html.

2010—2015 年期间，私营航天公司的投资达到峰值。金牛座集团（Tauri Group）2016 年 1 月发布的报告《航天初创企业》显示，在 2010 年至 2015 年期间，私人航天领域的投资约为 50 亿美元。与前几年相比，这是一个巨大的增长，与公共航天预算和上游航天产业营业额相比，可以认为是相当可观的。

图 2-1 给出了金牛座集团对 2000 年至 2015 年期间美国航天领域初创企业不同投资来源的年度投资价值的估算。

自 2000 年以来，创业投资累计达 133 亿美元，这包括种子基金、风险投资、私人股本、收购、公开发行和债务融资[①]。

在 21 世纪初，平均每年有三家私营企业成立。特别是在过去的 5 年中，投资者的数量已经增加到每年 8 个。在过去的 15 年里，有 80 多家新的天使基金和风险投资支持的航天公司。

从 2000 年到 2015 年，这一趋势标志着投资的空前增长。特别是在美国，投资给创业公司和私营企业的私人资金在增加，近年来 NASA 则削减了总体预算，这形成了鲜明对比。

① Start-Up Space-Rising Investment in Commercial Space Ventures", Tauri Group, January 2016. https://space.taurigroup.com/reports/Start_Up_Space.pdf.

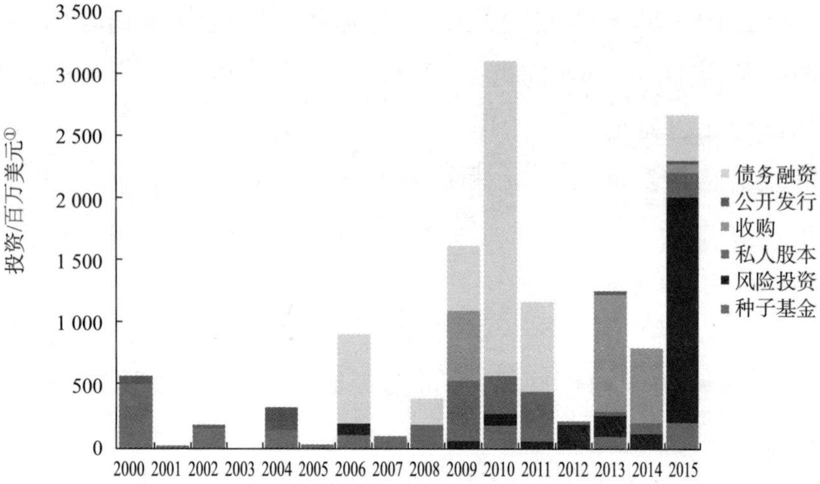

图 2-1　2000—2015 年美国航天公司的投资规模和类型
［（图片来源：金牛座集团（Tauri Group），见彩插］

图 2-1 显示了新公司资金来源的构成。投资者的类型总结如下：

- 商业天使投资（种子基金）；
- 风险投资人（风险投资）；
- 私人股本公司（私人股本）；
- 公司（收购）；
- 银行（债务融资）；
- 公共机构（公开发行）。

2015 年，私营航天企业及其资助者的私人投资和债务融资总额达到约 27 亿美元，创历史新高。风险投资人对航天公司的投资比例最大。与 2000 年年初相比，他们过去

① 原著为 10 亿美元，疑有误。——译者注

5 年的投资增长了 80%。据估算，仅在 2015 年，风险投资（VC）就投资了 22 家公司。在此之前，31 家公司的风险投资总计 10 亿美元。

风险投资基金的核心作用显示出，过去 15 年来投资类型在不断演变。2006 年至 2011 年期间，私人股本和债务融资是主要投资类型，随后主要投资类型变成收购和风险投资。

收购所起的作用是巨大的：初创企业的投资者可以在初创企业被收购时得到丰厚的回报。在 2006—2010 年期间，收购很常见，但在接下来的一段时间里，收购变得不那么受欢迎了。在本报告所述的 80 家私人投资的公司中，只有 8 家公司被收购。收购的总价值达 22 亿美元，其中 17 亿美元是在最近 5 年内完成的。行星实验室公司（后改名为行星公司）收购“天桥卫星系统”（SkyBridge）（2015 年 7 月）是近年来最大的交易之一。其他例子还有谷歌以 4.78 亿美元收购天空盒子成像公司，美国轨道通信公司（Orbcomm）以 3.1 亿美元收购 SkyWave 移动通信公司①。

2006 年至 2010 年期间收购非常普遍，在接下来的一段时间却几乎没有了。与往年相比，2015 年公开发行的份额再次上升。根据美国公共机构建立的初创企业融资机制，公共机构能够参与到航天初创企业投资阶段（图 2-2）。

① “Start-Up Space-Rising Investment in Commercial Space Ventures”, Tauri Group, January 2016. https://spacc.taurigroup.com/reports/Start_Up_Space.pdf.

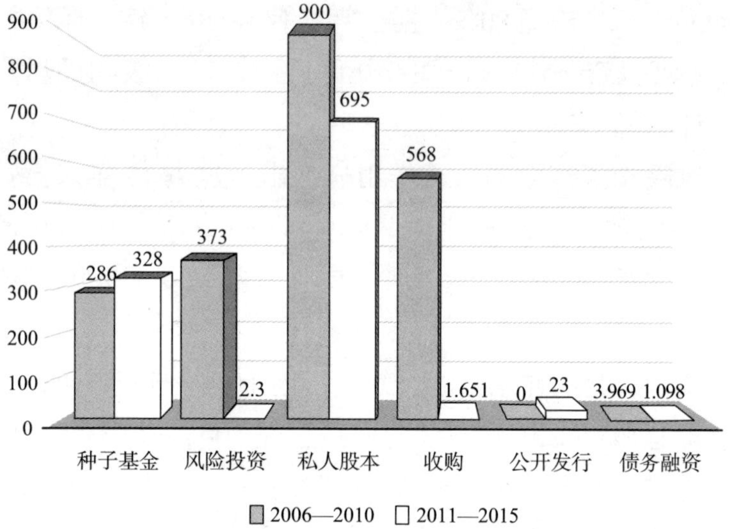

图 2-2 每年的投资类型（以百万美元表示）
（图片来源：金牛座集团，ESPI 分析）

绝大多数给予航天初创公司的资金来自风险投资人和商业天使投资人。这两种机制之间的区别主要取决于资金来源和它们能够承担的风险水平。风险投资人和商业天使投资人领导投资团队（图 2-3）。

商业天使基金通常来自个人财富或其他企业，在本案例中，来自其他航天企业。其特点概括如下：

- 商业天使基金投资处于早期阶段的公司；
- 预期回报率约为其投资的 30%~40%;
- 他们的投资期限从 5 年到 7 年不等。

商业天使投资人寻找的是那些令人兴奋的项目，在经济回报方面对市场有重大影响。在航天领域，商业天使投资人主要对新的航天市场和颠覆性的解决办法感兴趣。在大多数商业天使投资人居住的美国，他们投资航天事业的比例约为 71%[①]。在欧洲，最大的商业天使投资网络位于英国。正如金牛座集团的报告所强调的，主要的商业天使投资人是为自己的公司融资的大佬们，如埃隆·马斯克（Elon Musk，SpaceX）、杰夫·贝佐斯（Jeff Bezos，蓝色起源公司）、理查德·布兰森（Richard Branson，维珍银河公司）和罗伯特·毕格罗（Robert Bigelow，毕格罗宇航公司）。商业天使投资的资金使得航天工业可以建立新的公司，并吸引风险投资人。

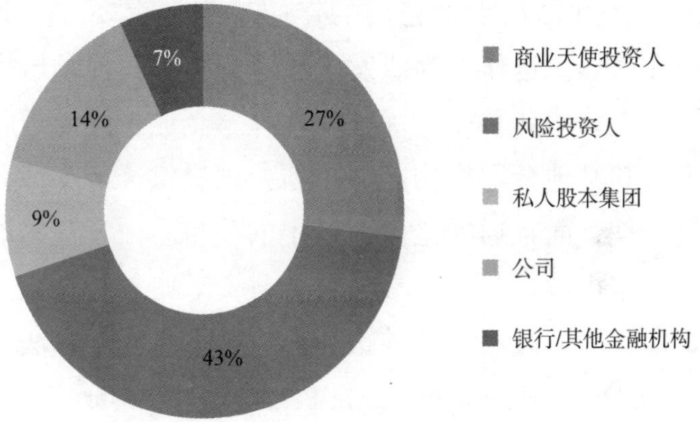

图 2-3　2015 年活跃的航天投资者占比
（图片来源：ESPI 分析、金牛座集团，见彩插）

风险投资人的行为不同于商业天使投资人：首先，他们

① This percentage is split in two parts: 32% of the total number of business angels is concentrated in California, the remaining 39% is located in other zones of the U.S. https://space.taurigroup.com/ reports/Start_Up_Space.pdf.

不是单个投资者或富有的家庭，而是公司。这意味着风险投资人准备承担的风险通常更高。正如商业天使投资人的情况一样，风险投资人在航天市场的数量呈指数级增长。风险投资公司所拥有的股票使他们在自己投资的公司中持有一定的股权，其优先级高于商业天使投资人，后者是普通股的投资者。自 2012 年以来，风险投资一直是最常见的投资机制，仅次于种子基金。

风险投资占主导的原因可以用他们所接受的风险水平和使用股票作为投资资金来解释。企业的投资也发挥了显著的作用。在过去几年中它们的作用越来越重要。企业帮助新公司在市场上运作，为研发项目、制造和其他领域提供资金支持，使公司获得竞争优势。此外，企业也倾向于收购公司。银行和其他金融机构能够为新公司提供经济支持，但有特定的条件，而且通常是风险较小的项目。由于这些原因，此类机构很少或仅是部分参与首轮融资。此外，无论是在欧洲还是在美国，政府支持的银行发挥着重要作用：法国的科法斯［COFACE，COmpagnie Française d’Assurance pour le Commerce Extérieur（法国对外贸易担保公司）］和美国的进出口银行（Ex-Im）在通过债务融资为航天活动融资方面都发挥着重要作用。

私人股本来源的不断增加和航天初创企业投资规模的不断扩大，是当今人们看待航天领域和潜在市场的新方式：人们越来越多地把航天视为一个具有盈利潜力的市场，就像其他市场一样。数据显示，对于投资者来说，航天实际上是最有前途的行业之一，各个领域都可能提供可获得丰厚回报的商机。如今，该行业的投资预期年回报率为 10%。

2.2　航天私人投资的驱动因素

目前航天被认为是一个潜在的可获得丰厚回报的投资领域，因为它提供了多种尚未开发的商业机会。这些投资的主要目标是小卫星和立方体卫星、进入空间和下游数据应用。有趣的是，那些冒险投资新项目（如小行星采矿、空间碎片减缓或太空旅游等）的投资者经常宣称，他们的动机是未来太空业务的潜在盈利能力，以及太空作为人类终极疆域所面临的挑战。最后，值得注意的是，目前的高投资水平也可能受到当前可用现金的影响，特别是由于各国央行最近采取了量化宽松政策。

投资新的初创企业的决定取决于不同的因素。在基本参数中，企业颠覆现有市场的能力或创造新市场的能力，以及管理质量对投资者极为重要。与其他领域相比，航天领域在私人投资方面也有几个特点。如前所述，迄今为止，航天高度依赖公共资金。在这方面，需要私人投资的活动可分为两类：目前仍由公共参与者所参与的航天市场，以及新航天市场。在这两种情况下，商业活动都是最近才发展的，这导致了更大程度的不确定性，从而带来更高的风险。从这个角度看，对航天商业活动的投资通常比其他领域的投资风险大。一般而言，商业航天的关键风险因素有：

- 市场不确定性；
- 技术复杂性；

- 盈利能力的不确定性；
- 动态竞争格局；
- 复杂的政治格局。

国家航天工业政策的保护性措施也可在一定程度上降低这种较高的风险。的确，公共机构大力参与该领域，对发展、支持和保护国家航天工业基础进行了明确的规定，可以在一定程度上保护商业环境。最后的重要一点是，航天活动具有长期项目和投资的特点。由于其技术复杂性，航天系统需要较长的设计、开发和生产阶段，严格的试验和验证过程，以及有限的发射机会。

2.3 美国和欧洲的行业模式

在私人投资方面，美国和欧洲的情况大不相同。自2000年以来，已经有124家航天初创企业成立，其中大多数位于美国。这个数字还在增长，尤其是在最近几年[①]。

到目前为止，美国似乎是私人投资和航天创业的沃土，这要归功于大量的私人资金、不同的市场结构和创业方式，以及机构对此更积极的支持。而欧洲则缺少上述某些因素，机构和私人公司面临着新挑战，开始在新的私人市场层面发

① B. Lal, E. J. Sylak-Glassman, M. C. Mineiro, N. Gupta, L. M. Pratt. A. R. Azari, “Global Trends in Space. Vol. 1: Background and overall findings”, IDA-Institute for Defence Analysis-Science and Technology Policy Institute, June 2015. https://www.ida.org/idamedia/Corporate/Files/Publications/STPIPubs/2015/p5242v1.ashx

挥作用。

因此，如今出现的新的私人参与者主要在美国，还有一小部分在欧洲、印度和中国。一些欧洲国家，如英国、意大利、德国和爱尔兰，目前正在调整其工业生态系统，以适应初创企业，并为年轻企业及其副产品创建支持机制，以促进创业文化。枢纽和孵化中心的建立是向前迈出的第一步。下一章将更详细地讨论这一点。

美国正在迅速克服广泛依赖私营部门实施公共项目所带来的相关风险，并在公共部门和私营部门之间确定创新的风险分担方案。关键问题之一是，能否在私营企业出现问题后，通过让它们迅速恢复（SpaceX 公司和 Planet 公司就是典型例子），保持对它们的信心，以及能否获得规模可观的投资资金，这些资金不像欧洲的那样分散[①]。

比较分析美国和欧洲对技术或金融风险的接受程度表明，他们各自的做法存在诸多差异：

- 首先，如前所述，美国人对失败的容忍度要高得多。
- 其次，欧洲的可用资金量更为有限，这使得欧洲投资者倾向于避免投资高风险的项目，并将精力集中在低风险项目上，留给开创性或具有前瞻性的企业的空间很小。

---

① BHO Legal, SpaceTec, German Federal Ministry of Economy and Energy, “New business models at the interface of the space industry and digital economy. Opportunities for Germany in a connected world-Executive Summary”, September 2016. http://www.spacetecpartners.eu/sites/default/files/content/attachments/bmwi_newspace_spacetecpartners_exsum_final.pdf.

- 欧洲的机构希望支持产业界，并与产业界分担技术风险，但不愿面对商业风险。
- 美国国内航天市场通常更大，无论军用还是民用，能更好整合、更容易定位，这为各种创新冒险提供了理想的温床。
- 与上述观点相结合，美国立法（如《小企业法》中的一些条款）的一些特征，为投资者提供了充足的安全网，在企业增长缓慢时限制他们的风险。

此外，我们还应该考虑欧洲需要克服的一些更根本性的缺点。正如彼得森国际经济研究所的丹麦经济学家雅各布·柯克加德所说："欧洲正试图赶上（美国），但体制和文化障碍太大[①]。"例如，人们常常指出，欧洲文化使其投资和风险承担能力更为有限：

- 源自欧洲社会模式的强大影响力，寻求一种最小化的市场风险，从而使不确定性降到最低。这种市场风险最小化是单个国家趋于建立保护壁垒的根源，也是欧洲或全球框架中由此产生的政治不确定性的根源。因此，欧洲仍无法作为一个单一实体行事。
- 欧盟作为一个政治实体更有可能接受更高的风险水

---

① J. B. Stewart, "A Fearless Culture Fuels U.S. Tech Giants", The New York Times, June 18th 2015. http://www.nytimes.com/2015/06/19/business/the-american-way-of-tech-and-europes.html?_r=0.

平，因为在这种层面上的失败可看作是社会化的[①]。然而，欧盟的范围也受制于成员国在当前政治局势中所能接受的有限的主权转让。

- “缺乏耐心”也是欧洲国家的典型特征，即为实现短期投资回报的强烈要求。虽然也有一些例外，但与美国相比，很难考虑长期计划也是另一个需要克服的障碍，尤其是在面对没有确切时间表的航天市场时。

对于初创企业来说，欧洲可能是一个良好的启动环境，但就投资本身的演变而言风险很大。SpaceX 公司、Planet 公司、蓝色起源公司和许多其他美国初创企业一进入市场就吸引了该行业的注意。这促进了商业天使、风投、银行和其他融资公司向他们投入大规模的资金流，以寻求长期的经济回报。这也创造了一类欧洲所没有的航天“独角兽”公司[②]。如前所述，欧盟委员会在其最近发布的《欧洲航天战略》中打算解决这一问题，并通过延长技术开发贷款来促进私人投资。欧洲投资银行（EIB）和欧洲投资基金（EIF）准备帮助提交项目的公司找到最合适的金融支持。

这可以为建立欧洲模式的风险分担方案铺平道路，该模式将比美国模式更加柔和、谨慎。委员会提出的措施可以帮

---

① Zaki Laidi. Is Europe a Risk Averse Actor? European Foreign Affairs Review, Kluwer Law International, 2010, pp. 411–426. https://hal-sciencespo.archives-ouvertes.fr/hal-01023806.

② The Unicorn List is a list of private companies valued at $1 billion or more with revenues that do not reflect the real expectation of the market value. http://fortune.com/unicorns/.

助建立一个适当的操作框架，帮助私人投资者接受较高的风险，并采用一个规范框架防止他们遭受损失。在欧洲层面创造一个特别的环境将有助于改变他们对创新的态度；为了创造一个对初创企业和年轻企业家真正有吸引力的、优越的环境，欧洲企业和投资者不仅需要应用硅谷的最佳实践，还应该考虑到欧洲不同的文化维度。

第3章 “新航天企业家”的集中地

3.1 西雅图和硅谷，“新航天企业家”的摇篮

美国“新航天”事业的中心位于加利福尼亚州圣克拉拉谷，也就是众所周知的硅谷和西雅图。

近年来，硅谷已成为领先的初创企业集中地，因为它拥有适合高科技创新和发展的有利生态系统，占所有风险投资的三分之一。旧金山湾区很多公司已经在航天工业的商业化方面开辟了新道路，包括致力于小行星采矿的深空工业（DSI）公司[①]和行星资源（Planetary Resources）公司（深空工业公司已于2019年1月1日被Bradford Space公司收购；行星资源公司已于2018年10月31日被区块链技术公司ConsenSys收购——译者注），以及增材制造商太空制造

① 深空工业（DSI）公司是一家私人小行星采矿公司，有意通过提供勘探、开采、加工、制造和销售太空资源所需的技术资源、能力和系统整合来改变航天业的经济体制。该公司已开发创新性小型航天器的技术和相关应用，正在开发小行星采矿所需的航天器技术，并已开始销售采用这些技术的卫星。DSI计划在20世纪20年代初期，将从小行星中提取的材料商业化，包括天基燃料加注、供电、小行星加工和制造。DSI正通过收入和融资组合来实现增长。

（Made in Space）公司[①]。这些都可以被视为硅谷对风险投资偏好的标志。

虽然小行星采矿仍处于起步阶段，但作为“商业良机”，已经引起美国企业家的兴趣。深空工业公司和行星资源公司（都位于西雅图和硅谷附近）都有计划在太空中和地球上开采小行星资源。深空工业公司与NASA艾姆斯研究中心（位于硅谷）的关系，确保了它在与NASA“小行星倡议”（Asteroid Initiative）和“小行星重定向任务”（Asteroid Redirect Mission，该任务已取消——译者注）相关的合同上占有一席之地。风险资本家的投资，连同公共资金，都把赌注押在一种从未使用过的技术上和压根不存在的市场上。

太空制造公司专注于太空中的制造业，总部设于莫菲特场（旧金山湾区），主要研究航天员在国际空间站上凭借增材制造技术制造工具、设备和大型结构的可能性。第一套设备于2017年4月安装在空间站上。在太空中安装零重力3D打印机意味着未来几乎不需要从地面发射物品。此外，他们还与NASA合作，进行一项“将小行星重造为机械自动装置”（RAMA）的研究[②]。

这只是一些例子，说明了在这种刺激性的环境中所产生

① 太空制造公司已开发出用于太空环境的增材制造技术。通过在太空中制造资产，而不是从地面发射，该公司计划加快和扩大发展，同时为地球上的人们提供前所未有的使用空间能力的途径。http://www.madeinspace.us/#section-company.

② J. Dunn, “Reconstituting Asteroids into Mechanical Automata”, NASA, 07/04/2016. https://www.nasa.gov/feature/reconstituting-asteroids-into-mechanical-automata.

的创造力和高强度，对航天市场的新一轮演变发挥了积极作用。尽管许多商业公司和投资者都在西雅图等其他地区，但硅谷仍是太空和技术创新的新文化和新方法的发源地[①]。考虑到 NASA 的重点是这些计划在实施阶段对其自身未来规划的长期潜在贡献，NASA 艾姆斯研究中心是初创企业的稳定支持来源。

与其他地方（如西雅图）相比，旧金山湾区的不同之处在于，这里的文化鼓励知识获取、敢于冒险的创业精神，从失败中总结教训，无论是对自己还是对他人。虽然投资者和企业家往往重复“快速失败，经常失败”（Fail fast, fail often）这句箴言，但不是所有人都会欢庆失败——风险投资人和天使投资人只能在一定程度上容忍失败。然而，“一切皆有可能”的心态，加上快速反应和快速转换的能力，以及开放和自由交流思想的文化，都是“新航天企业家”（astropreneurs）思维模式的一些特征。很明显，在发展小型初创企业方面，硅谷模式的优势在于企业应对风险和分担风险的方式。

但硅谷本身也是支持创新的重大长期公共投资的产物。事实上，这种模式鼓舞了许多欧洲人，但关键问题是评估它是否真的与航天相关，以及是否可以在欧洲设想一个“航天

① S.M. Pekkanen, “In the Global Space Race, Seattle is the New Hub”, Forbes, 29/01/2016. http://www.forbes.com/forbes/welcome/?toURL=http://www.forbes.com/sites/saadiampekkanen/2016/01/29/in-the-global-space-race-seattle-is-the-new-hub/&refURL=https://www.google.it/&referrer=https://www.google.it/.

硅谷”。硅谷发展所基于的生态系统沃土，确切地说是由美国政府主导的投资与国家作为创新者和企业家的双重角色所共同创造的。与欧洲的主要区别其实是，欧洲政府机构缺乏创业精神和冒险精神[①]。实际上，欧洲历史上的三大航天强国是法国、德国和意大利。这三个国家在发展私营航天方面的做法与英国截然不同，后者更接近美国的模式。

3.2 ESA 商业孵化中心和其他欧洲方案

目前欧洲设有若干 ESA 商业孵化中心（BIC）。13 年前设立的这些中心是“技术转移计划”（TTP）的一部分，其目的是促进航天技术、系统和专业知识的应用，特别是非航天应用。

ESA“技术转移计划”（TTP）的宗旨是让航天技术落地。该计划为利用空间技术和空间数据的企业家、初创企业和中小企业提供了运用现成技术、专业知识、专利、系统和服务的机会。ESA 商业孵化中心每年为欧洲 100 多家公司提供支持，帮助创造切实可行的业务和新就业机会[②]。ESA 商业孵化中心由技术转移计划办公室协调，提供专业技术和业务发展支撑。全欧洲有 16 个 ESA 商业孵化中心，与当地合作

① K. Breene, “Can Europe ever build its own Silicon Valley?” World Economic Forum, 8th Dec. 2015. https://www.weforum.org/agenda/2015/12/can-europe-ever-build-its-own-silicon-valley/.

② http://www.esa.int/Our_Activities/Space_Engineering_Technology/Business_Incubation/ESA_Business_Incubation_Centres12.

伙伴一起工作[①]。

利用空间技术、应用和空间服务开展创新业务的理念，是为了强化得益于空间技术和系统带来的新商机的欧洲工业。ESA 商业孵化中心及“技术转移计划”衍生出很多益处，其中一些涉及公共资源，通过专门的研发支持将航天专用系统和专业知识应用于非航天领域。此外，各成员国期望在最大限度地提高其对 ESA 空间资源的投资回报率方面获得额外效益。一方面推动初创企业和企业家（或技术转让方），另一方面推动技术受让方，其所产生的部分经济潜力和经济动机是新应用可能产生的巨大社会和市场影响。ESA 商业孵化中心采用的机制是向内转化和向外转化双轮驱动的。这两个过程是相似的，从创意的产生、知识产权的推广[②]，到加速阶段，最终进入市场并得到利益相关方的反馈。

孵化计划包括现金激励和资助机会[③]。每个接受者都有一定数额的资金供孵化开发阶段使用；其中包括最多 5 万欧元的产品开发和知识产权激励资金，以及另外 5 万欧元的商业开发贷款。

---

① F. Salzgeber, “Creating jobs by bringing space technologies down to Earth”, ESA, Nov. 21 2016. http://www.esa.int/Our_Activities/Space_Engineering_Technology/Talking_technology/Creating_jobs_by_bringing_space_technologies_down_to_Earth.

② 技术转移计划办公室的任务是向非航天业推广 ESA 自有的知识产权，以确保充分发挥其潜力。http://www.esa.int/Our_Activities/Space_Engineering_Technology/IP_for_commercialisation.

③ Open Sky Technologies Fund, http://www.esa.int/Our_Activities/Space_Engineering_Technology/TTP2/Open_Sky_Technologies_Fund.

开放天空技术基金（OSTF）与此相关，它是融资过程中的一个创新要素。OSTF 由三角创投集团（Triangle Venture Group）管理[①]。在融资人中出现创投集团，让人联想到美国趋势，这种趋势正在向孵化中心或加速中心扩展。高技术公司获得的回报是早期阶段投资的产物，ESA 将为所有接受方提供担保。该基金旨在将先进的航天技术商业化，为初创企业或新兴公司提供了重要的资助机会。该基金在所有 ESA 成员国之中收集投资机会。这是先进航天技术的投资机会，并承担最小的技术风险。这就构成了上面说的创新要素，与欧洲传统上厌恶风险形成对比，而美国的思维方式是“快速失败，经常失败”。该基金在 2010 年成立时是 ESA 进入风险资本世界的第一步，直到今天仍是保证技术转移活动的一个重要环节，因为所孵化的公司只有获得投资资本才能成长[②]。

英国首只专注于航天领域创新投资的创投基金“塞拉菲姆天使资本”（Seraphim Capital）的目标是刺激初创企业和“新航天”公司的增长。它创立于 2016 年，目前价值 8 300 万英镑（9 300 万欧元），其策略是基于地面技术和航天应用的融合。它得到了包括空中客车（Airbus）、泰雷兹 - 阿莱尼亚（Thales Alenia）和空间通信（Telespazio）公司

① Triangle Venture, http://www.triangle-venture.com/.

② “New Investment Fund Backs Space Technologies Finding Uses On Earth. Venture Capital Available For Businesses With Ideas For New Uses For Space Technology”. http://www.aero-news.net/index.cfm?do=main.textpost&id=167274c3-5bc3-4faf-ade2-efd475fda2e5.

在内的行业大公司智慧资本[①]的资助，并得到了英国航天局和 ESA 的支持[②]。该基金投资于“新航天”产业链上游和下游的商机[③]。

孵化中心所涉及的初创企业通常针对的是下游行业，其中多数专注于应用。但挪威、芬兰、爱尔兰和瑞士的一些计划涉及上游的“太空制造”业。从理论上讲，ESA 商业孵化中心可以被认为是“硅谷航天集群”（Silicon Valley Space Cluster）模式的欧洲版本。

另外要提到的一点是欧洲网络相较于美国更为分散。孵化两年后，孵化公司离开了中心，但仍是网络的一部分，继续培育已获得的联系网，发展它们的新技术。目前，ESA 商业孵化中心已经在欧洲各地培育了 400 家新公司[④]。

商业孵化中心的存在为欧洲私营航天业赋能并使其得到进一步发展。通过 ESA 发起的进程，扶持创新和创业的生

---

① 智慧资本（Smart capital）是由资深投资者投入的资本，他们不仅带来了资金，还带来了知识。换句话说，这是一种货币投资，也提供了知识和人脉。获得这类投资有可能成为初创企业成功的关键，也将成为日益重要的判别因素。“Smart capital: what it is and how to take advantage of it”, Jan. 12th 2016. http://blog.privateinvestmentsnetwork.com/smart-capital-what-is-it-and-how-to-take-advantage-of-it/.

② Seraphim Capital, http://seraphimcapital.co.uk/.

③ P. Holliner, “European Space Agency teams up with venture fund”, Financial Times, 10/08/ 2015. http://ft.com/content/275c1b7c-3f46-11e5-b98b-87c7270955cf.

④ “Space spin-off fosters 400 new companies”, ESA, March 8th 2016, http://www.esa.int/Our_Activities/Space_Engineering_Technology/TTP2/Space_spin-off_fosters_400_new_companies.

态系统正在培育之中。由于与地方政府、研究机构和大学合作，欧洲途径还混合了地方性元素，有助于在欧洲地区创造有利环境。

3.3 英国航天加速器：欧洲的创新途径

英国的目标是成为最适合欧洲初创企业和中小企业（SME）成长的生态系统沃土。硅谷与英国在监管体系、法律运作方式以及推动创新方面存在一些相似之处。从硅谷的视角看，欧洲可能显得相当官僚，监管规定和具有约束力的协议过多，阻碍了开创性实践。事实上，初创企业正在欧洲各个行业涌现。

实际上，在不同的大环境中，硅谷模式是无法直接复制的：美国环境的独特性、其进入市场的具体途径以及如何形成投资策略，这些都不能简单地转移到欧洲框架中。然而，值得注意的是，在过去 10 年里，尽管英国的创业环境一直在变化，但风险承受能力也在以同样的方式变化。投资者采取了更为宽容的态度，企业家也表现出愿意承担更多风险并根据市场需求调整商业计划的想法。这种演变与美国的影响是分不开的：对风险的承受力，以及为了实现更大的灵活性而改变僵化行为的意愿，是英国近期所采纳的具有典型美国特征的方式[①]。

---

① T. Ohr, “Top 15: Europe’s biggest start-up hubs in 2016”. 6th June 2016. http://www.eu- startups.com/2016/06/top-15-europes-biggest-startup-hubs-in-2016/.

就其创新潜力而言，航天市场是英国国民经济的一个组成部分。在这方面，在蒂姆·匹克作为首位被欧洲空间局选中的英国航天员参加国际空间站“原理”（Principia）任务之后，英国对航天的兴趣急剧增加。

尽管英国航天业的大部分收入来自卫星下游应用（包括主要业务），但航天市场正处于重塑阶段，体系内各机构正大力鼓励新进入者，支持私人参与者进入公共市场[①]。特别地，英国航天局（UKSA）认为，英国私营商业的发展可以促进公共和私营航天领域发展。体系内各机构采纳了 2013 年《英国空间创新与增长战略》设定的目标：

- 英国在全球航天经济市场中所占份额从 6% 增加到 10%，每年对 GDP 的贡献为 400 亿英镑；
- 2030 年之前创造 10 万个就业岗位；
- 通过制定和实施路线图，为英国企业提供高价值市场机遇；
- 开展航天领域对经济影响的分析；
- 鼓励与航天相关的业务，以实现增长机会最大化[②]。

英国航天经济市场与“硅谷”模式相呼应的另一个关键特征是科技领域的重点大学和人才的集中。由于 ESA 商业

① Satellite Applications Catapult Delivery Plan 2015-2020. March 2015. https://sa.catapult.org.uk/wp-content/uploads/2016/04/Delivery-Plan-Public-version-March-2015.pdf.

② UK's Space Innovation and Growth Strategy-2015 Updated Report. https://www.gov.uk/government/uploads/system/uploads/attachment_data/file/444918/_SPACE-IGS_report-web-JJF-V2.0.pdf.

孵化中心和英国航天局相关设施的存在，哈维尔（Harwell）现在为发展航天商业提供了高度活跃的环境。校园是学者和初创企业之间的枢纽[①]。卫星应用促进中心（Satellite Applications Catapult）亦设于哈维尔，这是一家成立于2013年的创新技术公司，目标是通过开发空间技术来促进经济增长，由公共机构“创新英国”（Innovate UK，前称为技术战略委员会）创立，与英国政府共同出资。卫星应用促进中心在航天领域的角色是中立的，不能在财务上支持初创企业，但可以帮助他们筹集私人资金或推进业务，与客户公司密切合作。此外，该公司的资金来源还包括研发计划（如欧盟框架计划“地平线2020”）、通过出租设施提供商业服务以及美国私募基金（约占基金的20%）。

该公司有能力在市场的空白领域嵌入服务，避免与国际同行竞争和重复。与体系内各机构和英国航天局的合作是为创造有利环境铺平道路、使地区航天市场充满活力和促进新技术应用的根本保障。有赖于此，英国航天业才有可能变得更有活力，并能够借由对航天的新理解来抓住私营航天的机遇：更贴近大众，更敏感于市场需求[②]。

---

① A. Pescod, “A new hope: how British space start-ups are reaching for the stars”, Elite Business Magazine, 11/07/2016. http://elitebusinessmagazine.co.uk/analysis/item/a-new-hope-how-british-space-startups-are-reaching-for-the-stars.

② Satellite Applications Catapult Delivery Plan 2015-2020. March 2015. https://sa.catapult.org.uk/wp-content/uploads/2016/04/Delivery-Plan-Public-version-March-2015.pdf.

第 4 章　私人参与者的新目标市场

作为新自由市场的一部分，新兴企业正迎接着下一个太空探索和开发时代。私人投资者对外层空间的兴趣使得快速增长与商业化成为可能，这将会降低空间活动成本。从长远来看，空间活动的费用可能会变得更加便宜。这种观点刺激了新市场的建立，在这些新建立的市场中，私营企业希望减轻政府机构执行基本任务的压力，以节省开支[①]。

本章将考虑航天市场的四个部分，分别是：

- 巨型星座；
- 小行星采矿；
- 太空探索与殖民；
- 微小卫星。

4.1　巨型星座：通过卫星实现全球互联

在 20 世纪 90 年代，卫星运营商才刚开始尝试建造卫星

① Mohammad, Qasim. “Opportunities and challenges in commercialising space privately”. Techcrunch, Sept. 9th 2016. https://techcrunch.com/2016/09/09/opportunities-and-challenges-incommercialising-space-privately/.

星座。由于经济、政治或技术因素，除早期的技术验证外，在这段时间内开发的系统都未取得商业上的成功。在电信市场危机期间有许多公司破产或进行了深度重组，其中就包括全球星公司（Globalstar）、铱通信公司（Iridium）和轨道通信公司（Orbcomm），这些公司原本可以通过从卫星星座接收到的高速数据来改变市场。

如今，新一代的卫星企业家正努力使卫星星座再次成为热点。在对地观测（EO）和宽带通信领域出现了越来越多的商业计划和基于小卫星星座的技术架构。这种新趋势已开始与传统卫星系统展开竞争，特别是在为最终实现这些方案而开展的商业模式方面。这些“新航天”公司的目标是实现能够影响制造过程和消费者获得天基服务的规模经济[①]。SpaceX 公司和 OneWeb 公司正在计划发射卫星通信网络，以此来促进创新并影响空间应用和服务的使用。该计划旨在为全世界提供高速宽带接入，尤其是为那些卫星星座可能对其自身发展产生积极影响的偏远地区提供高速宽带接入。

巨型星座是一种由大量人造卫星组成的网络，该网络在近地轨道（LEO）运行，运行成本较低。这些卫星协同工作，其中每颗卫星都有一个覆盖范围和独特的协作方式。巨型星座内的卫星在同一个控制机理下工作：这些卫星是同步的，并可以在不干扰其他卫星的情况下为一个区域提供完

---

① Christensen, Ian. “Future Issues for Commercial Space Sustainability Suggested by Space Industry Socio-Economic Trends”. IAC-16-E3.3.5. 67th International Astronautical Congress (IAC), Guadalajara, Mexico, Sept. 26–30 2016.

整的信号覆盖。尤其是在单颗卫星所能提供的覆盖范围十分有限的条件下，这些 LEO 卫星就经常被来用来组建巨型星座。为了保证对特定区域进行无缝覆盖，需要在 LEO 上部署许多卫星。这与地球静止轨道（GEO）卫星不同，在 GEO 上，由于卫星的轨道周期与地球自转周期相同，因此在该轨道高度上部署一颗卫星就可实现对特定区域的无缝覆盖。因此 GEO 卫星可提供大范围的永久信号覆盖。

巨型星座可以改变卫星通信市场的游戏规则。国有企业和私营企业的共同努力能够为市场带来巨大弹性，从而降低卫星通信市场的进入门槛和成本[①]。对于一个行业而言，避免电信业重蹈 20 世纪 90 年代的覆辙是其寻求新市场、新的高性价比解决方案以及在国有企业和私营企业之间引入新型风险分担模式的必要条件。

2015 年，卫星运营商启动了针对巨型星座的新项目。在该框架内，传统制造商同意在能够大规模生产且交付率大幅提高的情况下降低成本。这项举措要求在卫星系统设计和开发的各个方面都要进行高度的创新 / 简化，并提升生产能力，超越传统空间产业的行业惯例。这可能会给卫星通信和对地观测产业带来重大影响[②]。

---

① Kvesic, Matko. “Satellite Communications: Markets, Business and Technology”. Amphinicy Technologies. Aug. 22nd 2016. http://amphinicy.com/blog/view/satellite_communications_ markets_business_and_technology/.

② European Space Agency, Overview Mega-constellations. https://artes.esa.int/megaconstellation/ overview.

OneWeb 和 SpaceX 分别计划发射 700 颗和 4 025 颗小卫星。这些卫星计划在未来几年内发射。值得一提的是，铱星公司、SpaceX 和 OneWeb 在未来的发射计划中占据了主导地位[①②]（图 4-1）。

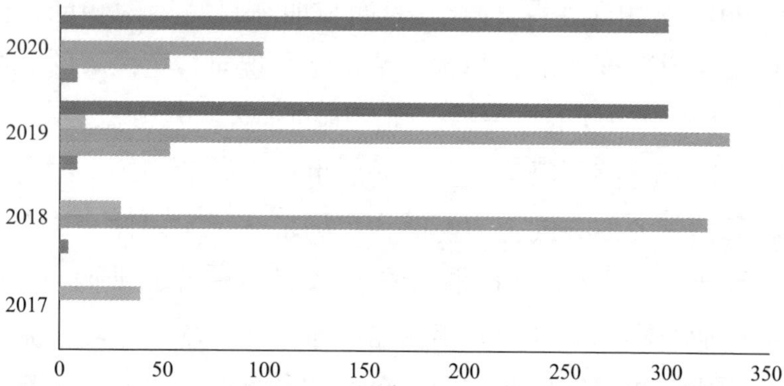

	2017	2018	2019	2020
SpaceX			300	300
Iridium-Next	40	30	12	
OneWeb		320	330	100
低轨卫星公司(LeoSat)			54	54
O3B		4	8	8

图 4-1　计划发射的卫星（2017—2019）
［数据来源：欧洲空间政策研究所、美国联邦航空局（FAA）、金牛座集团，见彩插］

① Space Safety Magazine. “Impact of new satellite launch trend on orbital debris”. Spaceflight Insider, June 5th 2016. http://www.spaceflightinsider.com/missionsearth-science/impact-newsatellite-launch-trends-orbital-debris/.

② Federal Aviation Administration, Tauri Group. “The Annual Compendium of Commercial Space Transportation: 2017”. Tauri Group, January 2017. https://space.taurigroup.com/reports/FAA_ Annual_ Compendium_2017.pdf.

4.1.1 OneWeb 的使命：建立平价的全球网关

电信业的巨型星座现在又开始成为热点。特别是在 OneWeb 兴起后，该领域的竞争变得尤为激烈。OneWeb 的创始人格雷格 · 怀 58 勒（Greg Wyler）是该领域的活跃人物。在创建 OneWeb 之前，他还参与组建了 O3B 网络公司。

OneWeb（前身是 WorldVu 公司）将使所有人都能够访问互联网作为公司使命。格雷格 · 怀勒的愿景是缩小数字鸿沟，包括：促进全球通信；确保信号覆盖到全世界偏远地区；努力应对最艰巨的全球网络连接挑战；支持克服基础设施危机；缩小差距并在长期访问解决方案中提供可部署的连接。因此，其最终目标是为现有网络提供物美价廉的信号覆盖，并在世界偏远地区提供新的网络连接。

从商业角度来看，OneWeb 在三轮投资中筹集到 17.8 亿美元，这得益于金融机构、技术和创新投资者的参与（图 4-2）。

OneWeb 的计划是创建一家高产量的计算机辅助工厂，每年组装数百颗卫星。可靠性、低成本和适应性是 OneWeb 项目的关键词。每颗卫星的质量约为 136kg，因此和那些较重的卫星相比，该公司卫星具有较少的电气连接。如果 OneWeb 成功完成该项目，再结合其他小公司的努力，所产生的变化将能够影响未来商业、科学以及军事航天计划的成本，并改变质量控制方法。OneWeb 的不同之处在于，其在通信理念和卫星设计上都采用了变革性的方法。从经济角度来看，OneWeb 的目标是降低 90% 的生产成本，并冒着减少测试时间的风险将组装成本降到最低[①]。

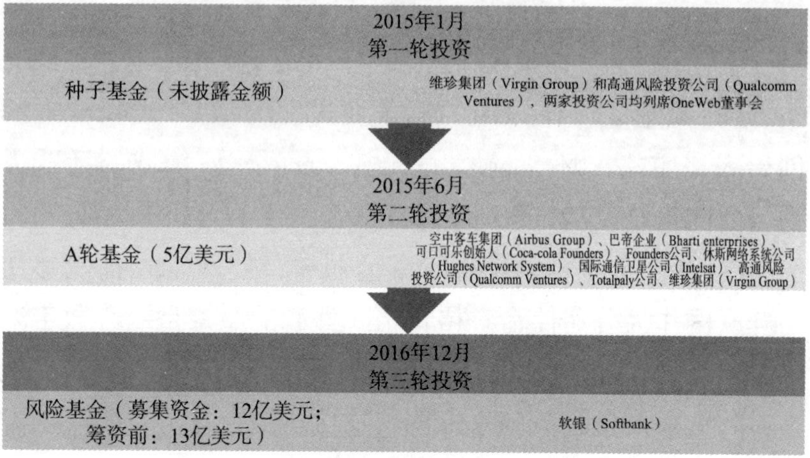

图 4-2　OneWeb 的融资回合
（数据来源：ESPI 分析公司、Crunchbase）

OneWeb 的巨型星座由大约 700 颗卫星组成，为实现低延迟，该星座将部署在近地轨道（LEO）。这些卫星最初应在 2020 年之前完成部署，卫星采用 Ku 波段和 Ka 波段，部署在轨道高度 1 200 km 的 LEO 上。到 2014 年 6 月，OneWeb（当时仍称为 WorldVu 公司）收购了破产的天桥公司（Skybridge）所拥有的卫星频谱。同年，WorldVu 公司发起了一项招标活动，制造了大约 900 颗小型互联网卫星。与此同时，欧美国家的卫星制造商正在寻找自我革新方法，希

① Pasztor, Andy, “How To Build Satellites Much Faster and Cheaper”. The Wall Street Journal, June 7th 2016. https://www.wsj.com/articles/how-to-build-satellites-much-fasterand-cheaper1465351261.

望能每月制造大量的卫星，卫星成本不超过 50 万美元[①]。在这种情况下，OneWeb 决定与制造商建立合资企业。在本次合作中，空中客车防务与航天公司击败了包括洛克希德 · 马丁公司（Lockheed Martin）和劳拉空间系统公司（Space Systems/Loral）在内的美国公司，还击败了 OHB 公司和泰雷兹 - 阿莱尼亚空间公司（Thales Alenia Space）等欧洲公司，成为 OneWeb 的合作伙伴。起初，该星座卫星的质量定位在 110kg 级，但后来宣布卫星的质量变更为 170~200 kg 级。

2015 年 6 月，阿里安航天公司（Arianespace）与 OneWeb 签署了一份星座部署合同。该合同包括 21 次“联盟号”运载火箭发射、5 次附加的“联盟号”运载火箭发射以及 3 次阿里安 -6 运载火箭发射。从 2021 年起，阿里安 -6 运载火箭将可用于 OneWeb 卫星发射，执行星座补网任务以及开始新一代“OneWeb 星座”的转型任务[②]。此外，欧洲发射服务提供商阿里安航天公司在 2016 年 5 月宣布其已与 OneWeb 签署了第二份合同，旨在设计、鉴定并提供 21 个与该星座部署相关的有效载荷分配器。分配器的开发和生产阶段已委托

---

① De Selding, Peter, “Competition to Build OneWeb Constellation Draws 2 U.S., 3 European Companies”. SpaceNews, 19th March 2015. http://spacenews.com/competition-to-build-onewebconstellation-draws-2-u-s-3-european-companies/.

② Arianespace, “OneWeb signs agreement with Arianespace for the deployment of the One Web Constellation”. Arianespace Press Release, June 25th 2015. http://www.arianespace. com/press-release/oneweb-signs-agreement-with-arianespace-for-the-deployment-of-the-onewebconstellation/.

给 RUAG Space AB 公司（瑞典）[1]。

欧洲工业领域参与 OneWeb 计划对欧洲卫星通信市场起到了及时的推动作用。这应该会激发欧盟委员会和 ESA 的资金投入，为增加工业领域研发经费提供适当支持。ESA 最近在电信系统高级研究（ARTES）中创建了一条巨型星座机会融资线路。在 ARTES 框架内签订的合同中，将和工业承包商分担最多 50% 份额的项目成本。通过这次机会，欧洲卫星通信产业将能够参与建立这个全新的全球巨型星座。鉴于卫星通信的社会经济影响，使得公共机构对私营企业更加开放，并努力改善与私营企业的合作。ESA 与塞拉菲姆空间和特殊事件基金（Seraphim Space and Special Situations Fund）签署了一项 1.16 亿欧元的协议，开展 ARTES 计划。该协议的目的是保证向航天公司和机构提供资金支持和入市机会。公共机构和资助机构之间建立这种伙伴关系证实了空间基础设施对欧洲工业和经济增长的重要性，帮助 ESA 超越其常规活动范围[2]（图 4-3）。

---

① Arianespace. “Arianespace to supply payload dispenser systems for OneWeb constellation”. Arianespace Press Release, May 23rd 2016. http://www.arianespace.com/press-release/ariane space-to-supply-payload-dispenser-systems-for-oneweb-constellation/.

② European Space Agency (ESA), “Seraphim Space Venture Capital To Nurture ESA Space Applications”. ESA Press Release, Aug. 11th 2015. https://artes-apps.esa.int/news/seraphimventure-capital-announcement. Cfr. De Selding, Peter, “European governments boost satcom spending”. SpaceNews, Jan. 19th 2016. http://spacenews.com/european-governments-boostsatcom-spending/.

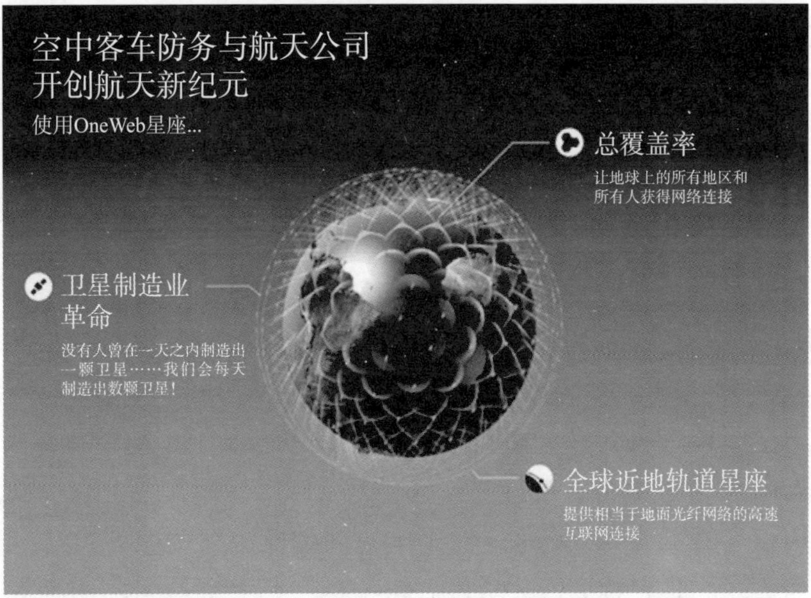

图 4-3　空中客车防务与航天公司（Airbus Defence and Space）借助 OneWeb 星座进入空间新纪元
（图片来源：空中客车防务与航天公司）

巨型通信卫星星座的再次兴起也伴随着许多挑战，频率分配就是其中之一。国际电信联盟（ITU）是负责信息和通信技术的联合国机构。ITU 的任务是分配全球无线电频谱和卫星轨道，制定确保网络和技术无缝互连的技术标准，并努力为全球服务水平低下的社区提供获取信息与通信技术（ICT）的机会。ITU 并不是全球频谱专利机构，但其可以保障频谱的合法使用权。ITU 注册与国家频谱管理是相互独立的。ITU 管理卫星轨道位置和通信频率，而每个国家都对覆盖其领土的频谱行使自己的控制权。随着卫星通信星座使用的增多，相关国家管理机构将面临诸多问题，例如在相应的国家机构登记注册会出现遗漏。OneWeb 和其竞争对手 SpaceX 已经就卫星频谱展开了一场抢注“大战”，后者计划在 5 年内发射 4 000 颗卫星。这两家公司都将使用 Ku 波段无线电频率。OneWeb 已经获得频谱，并向 ITU 汇报了其新方案的发展现状。由于 OneWeb 最先向 ITU 汇报了自己的意图，因此该公司将不会存在任何问题。然而，即便是 OneWeb 在正确的时间内将计划告知 ITU，也不会使其垄断整个 Ku 频段——OneWeb 必须与其他卫星运营商共享该频谱。除此之外，在 OneWeb 使用 Ku 频段之前，该公司必须先向美国联邦通信委员会（FCC）申请批准其无线电频谱使用权，并与 SpaceX 等其他美国境内的竞争对手协调合作。为成功实现目标，OneWeb 和 SpaceX（以及后续可能出现的其他企业）都需要在向 ITU 提出申请之前通过其国家相关机构的审批。

据悉，OneWeb 星座目前已完成初步设计评审。伴随着空中客车公司（Airbus）、阿里安航天公司和软银公司（Softbank）的最后一笔投资，OneWeb 现在已准备开始星座的设计制造阶段。假设 Airbus 和 OneWeb 的合资企业［一网卫星公司（OneWeb Satellites）］能够将单颗卫星成本控制在 50 万美元以下，那么整个 OneWeb 计划预计将耗资约 35 亿美元。这就使得该项目耗资过大，OneWeb 也正为此寻求来自非航天领域的资金支持。如果 OneWeb 无法获得来自非航天领域的资金支持，则可能无法实现其“在 2020 年完成全面部署”的目标[①]。为了通过签署新合同来获得重要收入，OneWeb 可以降低生产速率以赢得宝贵的时间，同时推迟整个星座发射计划或使用半个在轨星座提供服务。

4.1.2　SpaceX 和 Iridium 的合作关系

SpaceX 参与巨型星座业务开发不仅关系到其自身项目，还关系到其与铱通信公司（Iridium）的合作。

Iridium 公司是一家成立于 1998 年的美国公司，但最后失败了。根据《美国破产法》第 11 章第 11 条，该公司必须进行重组[②]。服务成本高昂和管理不善是造成 Iridium 公司失败的重要原因。Iridium 公司的破产也导致了多米诺骨牌效应：这种商业失败对其他商业卫星公司产生了连锁反应，例如 Teledesic。尽管已经破产，但 Iridium 星座仍在轨道上运行。值得一提的是，这项服务始于 2001 年，由新成立的铱卫星有限责任公司（Iridium Satellite LLC）管理，该公司现为一批投资者所有。Iridium 系统由 66 颗在轨卫星组成，其

---

① De Selding, Peter, “One year after kick-off, OneWeb says its 700-satellite constellation is on schedule”. SpaceNews, July 6th 2016. http://spacenews.com/one-year-after-kickoff-oneweb-saysits-700-satellite-constellation-is-on-schedule/.

② Ch. 11 is a form of bankruptcy that is applied when a business is unable to service its debt or pay its creditors and that involves a reorganization of a debtor’s business affairs and assets. U.S. Courts, Chapter 11—Bankruptcy Basics. U.S. Courts. http://www.uscourts.gov/services-forms/bankruptcy/bankruptcy-basics/chapter-11-bankruptcy-basics. See also: CNN, “Iridium files for Chapter 11”. CNN, Aug. 13th 1999. http://money.cnn.com/1999/08/13/companies/iridium/.

中包括以备故障时使用的在轨备用卫星。其中大多数卫星是在20世纪末公司倒闭之前发射的，此后又发射了7颗卫星。目前，系统中的新卫星将搭乘SpaceX公司的猎鹰号进行发射，从而确保Iridium-Next星座的连续性。这两家公司于2010年6月签署了价值4.92亿美元的合同，合同未公开发射次数。用于部署新星座的总预算约为29亿美元，其中8亿美元用于保障72颗卫星和网络地面基础设施升级①。

对于Iridium卫星公司本身来说，Iridium-Next是其第二代星座产品，将会发展出一个新的服务平台——Iridium Certus[SM]，该平台不仅仅局限于提供网络连接②。随着卫星通信行业竞争的加剧和巨型星座的出现，Iridium卫星公司需要SpaceX的支持，且SpaceX需要Iridium-Next来确保重建投资者的信任，并建立客户之间的信心。2017年1月，SpaceX成功发射了第一批10颗铱星。实际上Iridium-Next将成为最大的在轨商业替代星座，并将重振铱星业务。

Iridium卫星公司方面，新卫星的发射入轨将意味着新的商机，从而可能会提高公司收入。据估计，新的Iridium

---

① De Selding, Peter B., "SpaceX, Iridium Ink $492M Launch Service Deal". SpaceNews, June 16th 2010. http://spacenews.com/spacex-iridium-ink-492-million-launch-services-deal/. See also De Selding, Peter B., "Iridium Selects Thales Alenia To Build Iridium Next Constellation". SpaceNews, June 2nd 2010. http://spacenews.com/iridium-selects-thales-alenia-build-iridium next-constellation/.

② Iridium, Iridium NEXT—Changing the future of satellite communications now. Iridium. https:// www.iridium.com/network/iridiumnext.

网络每年可获得约 1.5 亿美元的回报，同时还可能使 Iridium 卫星公司获得美国国防部的合同。Iridium-Next 产生的业务将带来新的机会，这些机会能够从提出创新卫星服务的合资企业中获取资金。值得一提的是，Aireon LLC 公司（该公司在没有陆基雷达的情况下，提供飞机在海洋、极地和其他地区的近实时跟踪服务）将一次性支付 2 亿美元以进一步发展其业务。有了这笔资金，Iridium 卫星公司就可以向 SpaceX 支付发射费用，向泰雷兹 - 阿莱尼亚航天公司支付卫星制造和测试费用，还将保证其全年有限的流动性缓冲①。

对 SpaceX 而言，发射卫星并履行合同的机会至关重要。该公司火箭在 2016 年 9 月发射失败后，人们开始质疑该公司后续的跟进能力。在这方面，Iridium 卫星公司在事故发生后及随后的事故调查期间提供的支持，使 SpaceX 有机会在商业和政府机构方面重新获得信任②。

如前所述，OneWeb 的竞争对手是 SpaceX。事实上，埃隆·马斯克在 2015 年 1 月宣布，SpaceX 计划开发一个旨在为全球带来高速互联网接入的低成本项目，并参与全球互联的竞争。该项目是一个巨型星座系统，将由 4 000 多颗卫星组成，项目目前仍处于初级阶段。除了要部署的卫星数量惊

---

① Kharif, Olga, “SpaceX Jan. 9 Launch Puts Iridium’s Future Up in the Air”. Bloomberg, Jan. 6th 2017. https://www.bloomberg.com/news/articles/2017-01-06/spacex-jan-8-rocket-launch-putsiridium-s-future-up-in-the-air.

② Ahmed, Sajed, “What is the future of SpaceX?” The Odissey Online, Jan. 24th 2017. https:// www.theodisseyonline.com/what-future-spacex/.

人外，该系统还将为每位用户提供约 1Gbit/s 高速宽带和低延迟宽带服务。所有卫星都将由 SpaceX 自行生产，每颗卫星的质量约为 386 kg。该计划分为两个阶段：首先，将向同一轨道高度发射 1 600 颗卫星；随后，向不同轨道高度发射第二批卫星约 2 825 颗。每颗卫星的轨道寿命为 5~7 年。但仅在一年后，这些卫星的任务就将结束，卫星会在再入地球大气层时烧毁[①]。

该项目计划在 5 年内投入使用，第一个原型机当时计划于 2017 年面世。项目成本约 30 亿美元。这笔费用的一部分将由谷歌（Google）投资 10 亿美元，和 SpaceX 宣布未来星座计划同步。这笔投资可能与维珍集团和高通公司（Qualcomm）因相互竞争而向 OneWeb 提供支持有关。谷歌对 SpaceX 计划建立的项目十分感兴趣，谷歌不但要支持 SpaceX 的发展，还要支持新技术的发展，特别是与电信市场相关的技术。马斯克的目标是建立一个比其他任何系统都要大的全球通信系统[②]。尽管项目总规模很大，但整个系统的成本将低于其他项目。需要强调的是，SpaceX 能够自行发射卫星，因此必然不会与其他公司签署发射合同。如果组成

① Mosher, Dave, “SpaceX just asked permission to launch 4425 satellites—more than orbit Earth today”. Business Insider, Nov. 11th 2016. https://www.businessinsider.de/spacex-internetsatellite-constellation-2016-11?r=U.S.&IR=T.

② Spark, Daniel. “Why Did Google Invest $1 Billion in SpaceX? The company’s space aspirations may be bigger than it’s letting on”. The Motley Fool, Feb 14th 2016. https://www.fool.com/ investing/general/2016/02/14/why-did-google-invest-1-billion-in-spacex.aspx.

巨型星座的卫星由 SpaceX 自行生产和发射，则成本可能会大幅降低。

目前来看，SpaceX 似乎并不急于启动其巨型星座的开发。该项目实际上仍处于设计阶段，至少在未来十年内都不会计划全面部署[①]（图 4-4）。

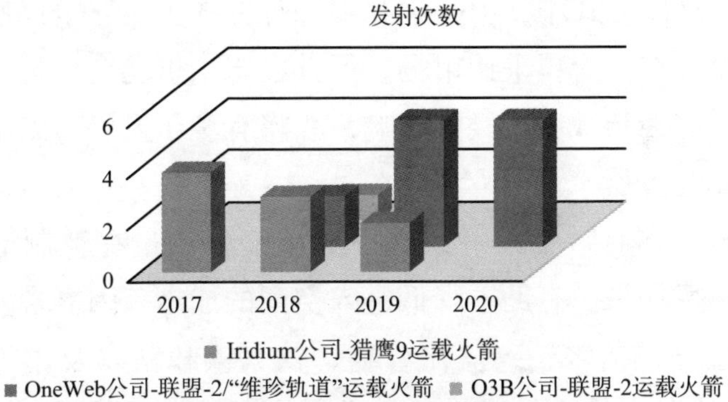

图 4-4　2017—2020 年间的发射数量预测
（数据来源：ESPI 分析公司、FAA、金牛座集团，见彩插）

4.2　小行星采矿

4.2.1　不可预见的创业领域

商业航天工业正试图打破常规，突破想象界限。在一些欧美私营企业提出的倡议中，"小行星采矿"可能很快从科学研究项目转变成影响未来空间探索游戏规则的空间项目。

① Masunaga, Samantha. "SpaceX details plans for a constellation of broadband satellites". LA Times, Nov. 16th 2016. http://www.latimes.com/business/la-fi-spacex-satellites-20161116-story. html.

小行星采矿是指从小行星或其他小型星球上开采原材料。现有三种采矿方式：

- 将原材料运送到地球上使用；
- 原位处理材料，为远距离任务生产推进剂；
- 将小行星运送到安全轨道后提取和加工所需材料[①]。

在这些方式中，第一种和第二种方式更具有争议性。当前并不存在小行星采矿市场，但其在未来可能会出现，它不但能对航天领域产生经济影响，并将有利于发展与太阳系探索相关的活动[②]。

通过在有效、经济条件下原位交付大量在轨制造的材料，小行星采矿有助于降低进入空间的成本。因富含多种化学元素（包括水、碳氢化合物、铁、镍和钴以及铂等贵金属），小行星被人们当作一种金属来源，吸引了诸多初创公司的注意力。一颗小行星就可以支持一项深空任务：水和氧可以维持航天员的生命活动；氢、碳和氧可以用于火箭推进；铱、银、钯、锇、铼、铑、钌和钨可以被运回地球[③]。

① Tate, Karl, "How Asteroid Mining Could Work (Infographic)". Space.com, Jan. 22nd 2013. http://www.space.com/15391-asteroid-mining-space-planetary-resources-infographic.html.

② Cruddas, Sarah, "The Truth about asteroid mining. Could the untold riches in asteroids and other planets be the key to exploring the wider Universe?" BBC, Jan. 5th 2016. https://www.bbc.com/ future/story/20160103-the-truth-about-asteroid-mining.

③ Deep Space Industries, https://deepspaceindustries.com/mining/.

尽管一些政府机构[①]已重回近地天体（NEO）的研究任务，但私营企业仍是大多数小行星采矿计划的制订者。最初的目标是 NEO，尤其是近地小行星（NEA）。一个小行星的原材料价值可能高达数万亿美元。从长远来看，小行星采矿可能会发展成一种真正的商业活动，尤其是小行星采矿正在成为美国和欧盟（更确切地说是卢森堡）的一个新市场。如果一家公司能够在未来十年内登上小行星，那么该行业的投资回报可能会很快。通常情况下，价值 100 万美元的在轨小行星在地球上的价值要低得多（大约 4 000 美元）[②]。如果开采的材料在太空中使用就会创造出一个新的在轨市场，如果飞行任务频繁就能够大幅降低运输成本，可以很快获得投资回报。这也可能改变未来太阳系探索任务的游戏规则。

目前，矿产的质量以及开采所需设备的成本和质量都是基于假设的，有很大的不确定性。由于无法明确小行星采矿的生产成本，且除了一些与其他私人航天企业有关的风投，可能很难找到私人投资，因此小行星矿藏的潜在市场仍难以预测。如果有助于降低未来任务的成本，政府机构可能会对

① Some of the missions are: ESA’s Rosetta mission to Comet 67P/Churyumov-Gerasimenko (http://sci.esa.int/rosetta/14615-comet-67p/), NASA’s DAWN mission to asteroids Vesta and Ceres (http://dawn.jpl.nasa.gov/), JAXA’s Hayabusa mission. It is foreseen in 2018–2019 the Hayabusa 2 mission (http://global.jaxa.jp/projects/sat/hayabusa2/).

② Grossman, Lisa and Paul Marks. “Space-miners to crush asteroids and 3D print satellites”. New Scientists, Jan. 23rd 2013. https://www.newscientist.com/article/du23101-space-miners-to-crushasteroids-and-3d-print-satellites/.

小行星采矿给予部分关注。

此外，从将矿产运回地球的角度来看，并非所有从小行星上开采出的材料都具有潜在的经济效益。以镍为例，该金属在地球上的保有量很大，所以在小行星上开采镍的成本将过高且不可持续。在小行星上开采铂金属十分具有发展前景，由于铂金属在地球上数量有限且开采难度大，因此在小行星上开采铂金属更有前景。这就可以证明太空采矿高成本的合理性①。

目前企业正在评估小行星采矿的研发、探索和勘探的成本，以及与基础设施（建设、开发和维护）和运营相关的成本和对环境的影响。在此基础上，在小行星采矿业中建立一个经济可持续的项目，需要所产生的净收入比总成本高 30% 左右②。

除了财务问题外，关于太空采矿要讨论的另一个问题是适用于开展开采活动的法律框架。太空采矿的法律基础是 1967 年的《外空条约》（OST）及其后续子条约，这些条约为所有空间活动制定了法律框架。具体来说，以月球为例，条约中明确规定任何政府都不能宣布对月球或其他天体拥有主权。然而条约中并没有明确禁止公司或国家从太空采矿或

① Lu, Anne. "Asteroid Mining Could Be The Next Frontier For Resource Mining". International Business Times, April 21st 2015. http://www.ibtimes.com.au/asteroid-mining-could-be-nextfrontier-resource-mining-1441087.

② Lee, Ricky J., "Law and Regulation of Commercial Mining of Minerals in Outer Space (Vol. 7)". Springer, 2012. New York.

利用资源并从中牟取利益。《外空条约》的第 1 条和第 9 条中强调，外层空间可用来造福全人类，且“各国应避免对空间造成有害污染”①。这就与想在天体上进行开采作业的私营企业的目标相冲突②。

目前尚不清楚企业能否为其自身利益开采小行星。美国已在该问题上向前迈出了一小步：2015 年，美国政府通过了《激发私营航空航天竞争力和创业法案》(Spurring Private Aerospace Competitiveness and Entrepreneurship Act)，简称《空间法案》(SPACE Act)③。该法案规定：“任何从事小行星资源或空间资源商业回收的美国公民，都有权获得任何小行星的资源或空间资源，包括根据适用法律和美国国际义务对其进行支配、拥有、运输、使用和出售④。”这意味着任何美国公民都可以从事小行星非生物资源的商业勘探、开采和销售，暗示美国公司在太空采矿中获得的所有小行星资源都将

① United Nations Office for Outer Space Activities (UNOOSA). Treaty on Principles Governing the Activities of States in the Exploration and Use of Outer Space, including the Moon and Other Celestial Bodies. Adopted by the General Assembly in its resolution 2222 (XXI) of 19 December 1966. United Nations. New York.

② Greenspon, Andy. “Precious metals in peril: Can asteroid mining save us?” SITN (Science In The News)—Harvard Publication, Oct. 25th 2016. http://sitn.hms.harvard.edu/flash/2016/ precious-metals-peril-can-asteroid-mining-save-us/.

③ U.S. Commercial Space Launch Competitiveness Act. https://www.congress.gov/bill/114thcongress/house-bill/2262/text

④ United States Congress, H.R.2262—U.S. Commercial Space Launch Competitiveness Act. PUBLIC LAW 114–90—NOV. 25, 2015. https://www.congress.gov/114/plaws/publ90/PLAW114publ90.pdf.

被视为其私有财产。但这不符合《外空条约》中的第1条和第2条的规定，这两条内容规定了包括月球和其他天体在内的外层空间应可以自由探索和使用。在这种情况下，可认为1979年的《月球协定》禁止开发自然资源，该协定规定自然资源不能成为任何国家、国际组织、非政府组织或自然人的财产。《月球协定》缔约国同意建立管理矿产资源开发制度，以使该协定可行。这就意味着各国可以使用空间资源，但不可将其据为己有。在这方面，《空间法案》中没有明确提到对天体的任何主权权利，但允许美国公民在合法（特别是根据美国国际义务）获得这些资源的情况下使用这些资源①。

《空间法案》规定，任何希望利用空间资源的人，其每一项专用于商业目的的特定太空采矿任务都必须获得授权。卢森堡政府授权的太空采矿任务的商业目的必须符合和平利用外层空间的原则，授权书只能颁发给根据卢森堡法律注册成立的法人。与美国《空间法案》不同的是，卢森堡的法律本身并未对公司股东的国籍做出任何限制。

如果能克服所有的技术和经济障碍，太空采矿或许能在未来十年成为现实。目前有两家私营企业长期专注太空采矿，分别是行星资源（Planetary Resources）公司和深空工业（Deep Space Industries）公司。这两家公司均为美国公司，

① International Institute of Space Law (IISL), "Position Paper on Space Resource Mining. Adopted by consensus by the Board of Directors on 20 December 2015". IISL, Dec. 20th 2015. http://www. iislweb.org/docs/SpaceResourceMining.pdf.

其正在《卢森堡倡议》框架下和卢森堡合作，即下文所述的“卢森堡太空资源”项目（Spaceresources.lu）。

行星资源公司最初于2009年成立，当时该公司名为阿基德宇航公司（Arkyd Astronautics），之后在2012年变更为现有名称。公司创始人是彼得·迪亚曼迪斯（Peter Diamandis）和埃里克·安德森（Eric Anderson）。该公司在五年内筹集到2 250万美元，其目标是通过开发和部署专门用于小行星采矿的技术来“扩大地球的自然资源基础”。最初，该公司打算为用于对地观测和天文学研究的小型空间望远镜开发新市场。对行星资源公司而言，使用这种轨道望远镜是该公司实现小行星采矿的第一步。其最终目标是建立一个机器人小行星采矿产业。根据其计划，将特制的卫星部署在地球轨道上，用来定位近地小行星。该公司的第一颗初样卫星已完成生产，卫星被命名为Arkyd-100。随后，行星资源公司计划发射探测器，对选定的小行星进行采样分析，并执行采样返回任务。该公司旨在建立以小行星为基地的全机器人开采与加工业务，并将从提取空间和陆地使用的材料开始落实[①②]。

① Planetary Resources. “Asteroid Mining Plans Revealed By Planetary Resources, Inc.”. Planetary Resources, April 24th 2012. http://www.planetaryresources.com/2012/04/asteroid-mining-plansrevealed-by-planetary-resources-inc/.

② Wilhelm, Steve. “First step toward asteroid mining: Planetary Resources set to launch test satellite”. Puget Sound Business Journal, Oct. 16th 2014. http://www.bizjournals.com/seattle/ news/2014/10/16/first-step-toward-asteroid-mining-planetary.html.

深空工业（DSI）公司也是一家小行星采矿公司，其目标是通过开发小行星采矿（特别是空间市场）所需的技术资源、能力和系统集成影响空间经济。此外，为了使用新技术和开发新应用，该公司还开发了小型卫星[①]。DSI 公司由克里斯托弗・卡塞尔（Christopher Cassell）、吉姆・吕贝克（Jim Luebke）、里克・图姆林森（Rick Tumlinson）和詹姆斯・沃尔夫（James Wolff）在 2013 年 1 月创立。为了开发小行星采矿所需要的技术，DSI 公司目前正在卢森堡政府的支持下研制系列航天器：Prospector-X 和 Prospector-1[②]。DSI 公司计划开展第一个低成本小行星商业飞行任务。开展此类任务的根本目的是在缺乏对小行星认知的情况下，通过确定资源开采类型及开采方式，使公司获得市场竞争优势。去年宣布的 Prospector-1 将是这类任务发射的第一颗卫星，该卫星将作为二级载荷发射到近地轨道。任务的启动日期将取决于任务

① According to the DSI manifesto, the resources that should be processed are water, propellant, and building materials. The processing in situ of these resources would extend the profitability of commercial satellites by providing support and power to new private sector orbiting research stations. http://deepspaceindustries.com/business/.

② Prospector-X will be developed in Luxembourg, according to the Luxembourg initiative framework; it should be ready to be launched at the end of 2017. Prospector-1 is a spacecraft lander intended to land on a suitable asteroid and study its composition. As of 2016, it is projected to be launched between 2019 and 2022. Foust, Jeff. “Deep Space Industries unveils first asteroid prospecting spacecraft”. SpaceNews, Aug. 10th 2016. http://spacenews.com/deep-spaceindustries-unveils-first-asteroid-prospecting-spacecraft/#sthash.dFCsOrgf.dpuf.

所选择的小行星。公司对外宣布的任务发射时间在 2019 年至 2022 年前后。最终，该计划的重点将是从小行星冰中提取水资源，提取的水资源可用于空间任务[①]。在业务方面，DSI 公司需要成功地建立一条完整的价值链，从而保证公司活动获得正确支持。DSI 公司开展的卫星业务能够帮助公司盈利并可以帮助构建一个强大的太空探索生态体系。此外，对 DSI 公司而言，其与 NASA 和卢森堡政府的合作提高了该项目（定位于一个目前还不存在的市场）的可信度，从而使其成为一项盈利业务。为使项目成功，DSI 公司需要解决成本和人力资本方面的限制，启动一个能够真正影响空间生态系统的太空探索计划[②]。

行星资源公司和 DSI 公司均是该领域的第一批行动者。两家公司近期和中期都特别关注近地天体和近地小行星[③]。

4.2.2 《卢森堡倡议》

卢森堡还与美国一道制定了自己的法律框架和投资计划，以鼓励小行星采矿。《卢森堡倡议》的提出为开发空间资源制定了一个符合《外空条约》原则的法律框架。《卢森堡倡议》（简称《倡议》）的目的是通过建立一个法律和商业

---

① Foust, Jeff, in ibid.

② Space Ventures Radio, "Deep Space Industries' Master Plan For Asteroid Mining Future". Space Ventures Radio, Ep. 4. Aug. 31st 2016. http://www.spaceventuresradio.com/episodes/deep-spaceindustries/.

③ Desjardins, Jeff. "There's Big Money to Be Made in Asteroid Mining". Visual Capitalist, Nov. 2nd 2016. http://www.visualcapitalist.com/theres-big-money-made-asteroid-mining/.

框架来支持商业太空采矿的中长期机会，以吸引对卢森堡的投资并支持发展航天工业的新活动。

卢森堡的法律草案和美国的《空间法案》旨在确保空间运营商能够明确作为资源开采者或获取者的权利。这两部法案的第 1 条都提及其本国法律，并规定应根据国际法进行拨款，这对避免与两国国际义务发生任何形式的冲突来说是至关重要的[①]。

在卢森堡方案中，授权和监督的管理制度发挥了相关作用：在这里，法律草案中的规则与金融领域或电子媒体领域适用的规则相同[②③]。

卢森堡将航天、采矿和金融方面的成果结合在一起，催生了《倡议》。与过去的卫星通信以及建立 SES 公司一样[④]，卢森堡政府希望通过《倡议》的制定来增加国民经济的多样性，助力国家航天领域发展，并将自身定位成欧洲私营航天

① Government of the Grand Duchy of Luxembourg, "Luxembourg's New Space Law Guarantees Private Companies the Right to Resources Harvested in Outer Space in Accordance with International Law". Government of Luxembourg, Nov. 11th 2016. http://www.gouvernement.lu/ 6481433/11-presentation-spaceresources.

② The reference is to the law of 5th April 1993 on the financial sector. Cfr. http://www. luxembourgforfinance.com/sites/luxembourgforfinance/files/files/1993_04_05_financial_sector.pdf.

③ Spaceresources.lu, "Did you know?" Spaceresources.lu. http://www.spaceresources.public.lu/en/ did-you-know/index.html.

④ SES was created in 1985 and is the largest commercial satellite in the world. The Company has been established the support of the Luxembourg's government. To know more about the SES history, see also https://www.ses.com/about-us/our-history-highlights.

公司的桥头堡。

《倡议》可追溯到 2013 年，当时卢森堡政府与 NASA 就太空采矿问题进行了首次交流，当时已涉及了小行星采样返回任务。这次交流随后演变为与美国私营企业的进一步会晤，并在 2015 年 3 月 20 日至 21 日期间，由卢森堡经济部和卢森堡创新研究中心（LuxInnovation）在卢森堡组织了一次主题为“空间资源的利用”的专项研讨会。研讨会旨在仿照 NASA 艾姆斯研究中心于 2014 年举办的“NEO 经济学”研讨会，从而更好地了解空间资源相关市场以及与开采相关的技术可用性。会议特别强调了要使用低成本技术来确保完成高可靠性任务。该倡议确定的潜在市场与在空间或地球上开采资源的潜在利用有关。对于一个尚未形成的市场，特别是太空采矿市场，及其对相关市场的短期机会而言，长期经济评估的难度很大[①]。

随后于 2015 年 6 月召开了卢森堡部长会议，并于 2016 年 2 月正式对外宣布《倡议》。卢森堡政府高度参与了该倡议的制定工作，且该国总理、副总理以及经济财政部长都支持将卢森堡从金融中心转变为技术中心。

通过这一项目，卢森堡将自身定位在空间资源私营开发的前沿。将这种政治意愿投射在太空采矿领域，使公私合营原则得到恢复，在该框架下建立的公私合营（PPS）为支持

① Ministry of the Economy and Luxinnovation. Workshop Summary “Towards the Use of Space Resources”. Luxembourg, March 20th–21st 2015.

卢森堡航天发展创建了有利的经济环境[①]。

自2015年以来，事情进展迅速。《倡议》的提出引发了卢森堡政府与行星资源公司和DSI公司的广泛交流，两家公司均涉及太空采矿业务。值得一提的是，卢森堡计划投资2亿欧元，旨在将该国打造为欧洲空间资源开发的摇篮。行星资源公司和DSI公司目前正在与卢森堡政府签署合同，并计划在该国设立办事处。卢森堡是全球公认的具有顶级经济和社会构架的国家之一。实际上，卢森堡政府提出的一项重要条件是：经营者的中央管理机构必须设在卢森堡境内。

DSI是与卢森堡合作的第一家公司：2016年5月，在该倡议正式宣布数月后，DSI公司与卢森堡政府签署了一份谅解备忘录（MoU），其中指出DSI公司和卢森堡政府准备共同开发部署DSI公司的第一个航天器——Prospector-X[②]，且该航天器的制造和测试工作将在卢森堡进行（图4-5）。

---

① PPPs are part of the economy of the Grand Duchy. The example of the broadcasting group RTL is one of the big success stories in PPPs. The Luxembourg Government granted frequency rights to private investors and entrepreneurs, instead of mandating it to state agencies or the company's administration

② Prospector-X is a small spacecraft that will test key technologies in LEO necessary for future asteroid prospecting. http://deepspaceindustries.com/prospector-x/.

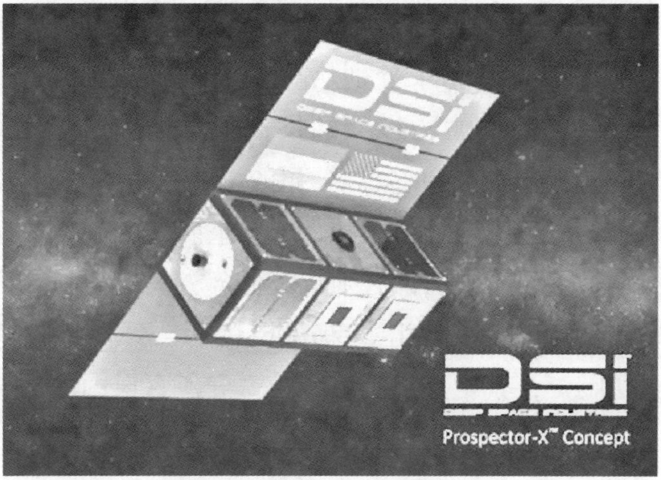

图 4-5　Prospector-X 概念图
（图片来源：DSI）

行星资源公司也紧跟 DSI 公司的步伐，在 2016 年 6 月宣布与卢森堡政府和卢森堡国家信贷银行（Société Nationale de Crédit et d’Investissement，SNCI）签署了谅解备忘录。确保行星资源公司的大量投资将帮助加速该公司的工业发展速度。值得一提的是，据谅解备忘录预计，将对该公司进行直接资本投资，在行星资源公司和卢森堡政府间建立公私合营，SNCI 将仅参与少数工作。这种公私合营是行星资源公司的一座里程碑。由行星资源公司开发的核心硬件和软件技术原计划在 Arkyd-3 抵达空间站并完成部署（2014 年 10 月）后进行测试，但该任务在发射升空不久后失败。该公司目前已制造完成下一个航天器 Arkyd-6，当时计划于 2018 年晚些时候进行发射。该任务将验证热传感器，这种传感器将精确测量地球上物体的温度差，并将在未来的小行星任务中帮助获取与小行星上存在水和含水矿物有关的关键数据[①]。最近，该公司根据谅解备忘录分别从卢森堡政府和SNCI获得了1 200万欧元和1 300万欧元的投资。因此，卢森堡大公国与SNCI一起成为了行星资源公司的主要股东[②③]。

为确保不违反国际条约和卢森堡空间法的规定，任何规划太空采矿活动的公司都必须将其任务方案提交给同样负责空间事务的经济事务大臣。获得授权后，公司将收到一份《责任清单》[④]，其中列出了公司为遵守卢森堡国内法律和国

① Planetary Resources, "Planetary Resources And The Government Of Luxembourg Partner To Advance The Space ResourceIndustry". Planetary Resources Press Release, June 13th 2016. http:// www.planetaryresources.com/2016/06/planetary-resources-and-the-government-of-luxembourgpartner-to-advance-the-space-resource-industry/.

② The Government of the Grand Duchy of Luxembourg—Ministry of Economy, "SpaceResources. lu: the Luxembourg Government becomes a key shareholder of Planetary Resources, Inc., the U.S.-based asteroid mining company". Ministry of Economy—Press Release, Nov. 3rd 2016. http://www.spaceresources.public.lu/en/press-corner/press/2016_11_03-Press-release-LuxembourgGovernment-becomes-a-key-shareholder-of-Planetary-Resources_-Inc_-03_11_2016.pdf.

③ Coldeway, Devin, "Planetary Resources mines Luxembourg for $28 million in asteroid-hunting funds". TechCrunch, Nov. 3rd 2016. https://techcrunch.com/2016/11/03/planetary-resourcesmines-luxembourg-for-28m-in-asteroid-hunting-funds/.

④ The existence of the cahier des charges is foreseen by the Luxembourg law of 27th July 1997 on the electronic media modified by the Law of 17 December 2010 amending the Law of 27 July 1991 on the Electronic Media, Electronic Media Law 2010, Mémorial A, n ° 241 of 24 December 2010, p. 4024 Cfr. http://legilux.public.lu/eli/etat/leg/memorial/2010/241.

际法律所必须满足的全部条件，包括遵守外层空间活动长期可持续性的基本原则、防止天体污染、防止地球环境的不利变化、防止潜在有害干扰的条款等。与美国《空间法案》不同，卢森堡政府引入《责任清单》可以明确对参与采矿公司的相关规定和采取的措施，从而确保这些公司严格履行其国家和国际义务。

如今，创新是大势所趋。卢森堡政府的投资已到位，法律草案获得批准，其他方面的进展也很迅速。为评估《倡议》提案而设立的咨询委员会正在不断壮大。如今，中国和韩国的代表也加入了该委员会。政府已经与活跃在该领域的其他 20 家公司和企业家展开了对话。

卢森堡政府的举措也激发了其他有相同计划的国家（如日本和阿拉伯联合酋长国等）的兴趣。卢森堡提出的法律框架可促进欧洲私营航天的技术与工业发展。

4.3　轨道飞行与太空探索

近年来，多项私人计划推动了太空探索的前景。特别是自从私人太空旅行在 2004 年合法化以来[①]，太空领域的企业家一直在计划火星殖民，在亚轨道飞行中搭载乘客，并在外太空建造旅馆。

① Federal Aviation Administration (FAA), Commercial Space Launch Amendments, ACT OF 2004 PUBLIC LAW 108–492—DEC. 23, 2004. https://www.faa.gov/about/office_org/ headquarters_offices/ast/media/PL108-492.pdf.

这些计划的开展取决于“可重复使用运载火箭”（RLV）技术，RLV 可以在可靠和安全的前提下降低进入太空的成本。越来越多地使用 RLV 可以使航天飞行像航空飞行一样，从而扩大太空市场。太空领域的企业家正在推动的创新重新激发起公众对太空探索的兴趣。诸如 SpaceX 公司之类的私营企业正在尝试为 NASA 商业补给任务和其他商业发射合同引入 RLV。

这项新任务的支持者往往忽视了政府在促进空间活动方面所起的作用，特别是在财政方面。实际上，由于费用高昂及目前仍处于验证飞行阶段等，这些不利因素可能会影响商业飞行和太空旅行的市场。私营太空探索最有前途的市场在美国。在美国，有着这样的企业家：杰夫·贝佐斯和他的蓝色起源公司试图通过 RLV 将人类送入太空，埃隆·马斯克计划将人送上火星并殖民火星，维珍银河公司的创始人理查德·布兰森正在从事太空旅游项目，罗伯特·毕格罗正在投资充气式太空旅馆[①]。

这些举措听起来像是科幻小说，但从长远来看，它们推动新业务发展的机会与日俱增。私营太空投资者寻求稳定的收入和利润，并重新赢得美国公众的支持，成为支持太空计划的一个重要组成部分。如果该部门能够产生收入并创造商业案例，那么它将对全球太空探索计划的实施产生重大

① Solomon, Lewis D. “The privatization of space exploration. Business, Technology, Law and Policy”. Transaction Publishers. ISBN 978-1-4128-0759-3. New Brunswick, New Jersey 2008.

影响。

新企业的出现很少得到政府机构的支持。美国的案例很有趣，因为 NASA 未来的太空探索计划整合了私营企业的贡献，尤其是在低成本太空运输方面。SpaceX 或蓝色起源等公司参与“商业乘员开发”的计划表明，在保证私人企业参与太空竞赛的运营框架内，联邦机构进一步向非政府参与者开放。在欧洲以及日本、俄罗斯和中国，重点仍然放在技术和开发上，而商业载人任务却不在本国初创公司或私营企业的议程上。

4.3.1　太空旅游：维珍银河公司

太空旅游使公众更加关注太空探索和商业太空领域的发展。但在过去十年里，将游客送入太空的项目并未具体化。关于安全和法律方面的问题已经引起许多关注。但是，与更成熟的发射服务（例如国际空间站补给任务）一样，太空旅游仍然被认为是一个有前途的市场。其独特之处在于另觅蹊径为普通人、非专业航天员提供太空旅游的机会[①]。

太空旅游背后的商业活动无法与传统的旅游市场相提并论。除了休闲之外，其发展背后的潜在影响还包括新技术、数据通信和遥感信息。由于这些原因，太空旅游业有可能助力众多正在将自己定位于商业太空市场的新兴企业。

① Ball, Anne. “Space Tourism and Business Looking Up”. Space Daily, Mar. 9th 2017. http:// www.spacedaily.com/reports/Space_Tourism_and_Business_Looking_Up_999.html.

理查德·布兰森的维珍银河公司仍未将其首批非专业航天员送入太空。目前，零重力公司（Zero G Company）为想要更经济实惠地体验零重力飞行的航天爱好者提供在专用飞行器上体验抛物线飞行的服务，该服务的价格为 5 000 美元[①]。但这并不意味着太空旅游市场无法商业化。

维珍银河公司现在被冠以太空旅游公司的称号。到目前为止，该公司声称有 700 名潜在客户已预付 25 万美元预订了未来的飞行席位。

该公司提供的是亚轨道飞行，用于休闲和科学试验的双重目的。太空船二号（SpaceShipTwo）轨道器将搭载 6 名乘客，与白骑士 -2（WhiteKnightTwo）运载器分离后，其发动机将点火 1 分钟以上，一旦达到 130km 的高度（比普通商用飞机高出约 10 倍），乘客将享受 4~5 分钟的失重体验，并欣赏弯曲的地平线[②]。然后飞行器将返回地面[③]。

正如维珍银河的首席执行官乔治·怀特赛兹（George Whitesides）所说："太空不仅对未来的交通运输很重要，对未来的想象也很重要。"这表明了公司的信念，即太空探索将改善地球上的生活[④]。

如今，维珍银河公司是亚轨道可重复使用飞行器（SRLV）

① To know more: https://www.gozerog.com/.

② Virgin Galactic, http://www.virgingalactic.com/human-spaceflight/.

③ Howell, Elisabeth. "SpaceShipTwo: On a Flight Path to Space Tourism". Space.com, Feb. 17th 2016. http://www.space.com/19021-spaceshiptwo.html.

④ http://www.virgingalactic.com/why-we-go/.

行业的领先者。截至目前，虽然维珍银河不是该领域中的首家公司，但它是少数几家获得美国授权开展亚轨道太空旅游的公司之一。美国联邦航空管理局（FAA）商业太空运输办公室负责监管美国境内的所有太空活动[①]。自从宣布首次太空飞行以来已经过去了十年。当时，理查德·布兰森预测，到 2007 年，维珍银河公司将把客户送入太空。但一次挫折迫使理查德·布兰森推迟了太空旅行业务的开展：2014 年 10 月[②]，太空船二号在加利福尼亚的莫哈韦沙漠上空坠毁，造成 1 死 1 伤，此次悲剧使公司对太空旅游产生了疑虑。尽管如此，维珍银河公司并没有停止该项业务，而是继续获得资金并追求其设定的目标。

维珍集团是由布兰森和尼克·鲍威尔创立的英国跨国风险投资集团。维珍银河公司是维珍集团旗下的一家公司，维珍集团拥有维珍银河 65% 的股份，并已投资约 2 亿美元。多年来，布兰森的公司一直活跃在许多以技术为核心的企业中，值得一提的是，维珍银河公司也是 OneWeb 的投资者之一[③]。

---

① Only one company (Space Adventures) has ever sent paying passengers into space, and the last flight was six years ago in 2009. Jee, Charlotte. “Commercial space travel: A decade of broken promises | Space X, Virgin Galactic and space tourism”. Techworld, Feb. 28th 2017. http://www.techworld.com/picture-gallery/personal-tech/space-tourism-decade-of-broken-promises-3630327/.

② 原著为 11 月，疑有误。——译者注

③ Virgin Group led an investment round for OneWeb in January 2015 for an undisclosed amount of money and subsequently took part also in a second investment round of about $500 million of Series A funds. For more information regarding Virgin Group’s investment, cfr. https://www.crunchbase.com/organization/virgin-group#/entity.

商业开发可能会在2018年开始。假定该公司每月能够执行2次飞行任务，且每次载有6名乘客，并且计入与维珍银河衍生的新公司——维珍轨道公司相关的收入[1]，则其投资回报率可能达到15%左右，这将使其成为太空旅游行业无可争议的佼佼者。这也将促使其新子公司进入小卫星发射市场。

太空船二号在2014年10月发生事故并受到美国国家运输安全委员会的调查后，于2016年进行了重建并亮相。新一代的太空船二号安装了旨在防止类似事故发生的安全系统。事故发生后，维珍银河公司表现出了一种坚韧的态度：公司继续表达其对投资和测试的承诺[2]，新的航天器将很快从新墨西哥州的太空港发射[3]。

除了直接的财务后果，最重要的是公司的声誉和信誉[4]。

① Virgin Orbit will focus on dedicated launches of small satellites (smallsats), and will be headed up by Dan Hart. The Company is already operating Launcher One. Etherington, Darrel. "Virgin's newest company is Virgin Orbit, a small satellite specialist". Techcrunch, March 3rd 2017. https://techcrunch.com/2017/03/03/virgins-newest-company-is-virgin-orbit-a-small-satellite-specialist/.

② Howell, Elisabeth, "Virgin Galactic: Richard Branson's Space Tourism Company". Space.com, Feb. 17th 2015. http://www.space.com/18993-virgin-galactic.html.

③ The New Mexican Government invested $250M on the facility because of the commitment of Virgin Galactic to use the facility for its test and future flights.

④ Hadas, Edward, and Chris Hughes. "The business of space travel". Breaking Views, Nov. 4th 2014. https://www.breakingviews.com/considered-view/virgin-galactic-business-model-could-still-work/.

如果在测试阶段再次发生事故，可能会导致 2016 年 8 月获得的美国联邦航空管理局 (FAA) 许可证被吊销。许可程序包括对系统设计、安全和飞行轨迹分析的审查[①]。

公司针对客户在飞行途中受伤或死亡时的责任赔偿，保险费用成本的增加可能会影响开发阶段[②]。然而，维珍集团作为大股东，可能会降低维珍银河公司的风险。

新墨西哥州已经为太空港投资了 2.5 亿美元，以支持维珍银河公司在该地区运营。但维珍集团正在扩大其业务范围：2016 年 12 月，理查德 · 布兰森与意大利公司 Altec（ASI 与泰雷兹的合资企业）签署了一份谅解备忘录[③]。谅解备忘录中提及，两家公司将开始对话，共同评估建立第一个欧洲商业太空港的可行性，该太空港将使用维珍银河运载火箭进行科学研究、航天员和飞行员培训以及太空旅游[④]。在监管方面，这将为欧洲的太空旅行建立一个框架。在工业方

① CBS News, "Virgin Galactic gets space tourism rocket operating license". CBS News, Aug. 2nd 2016. http://www.cbsnews.com/news/virgin-galactic-gets-space-tourism-rocket-operating-license/.

② Alegre, Pilar and Patti Spitler and David Wells. "Space Tourism Business Model. The Virgin Galactic Approach". http://www.geocities.ws/innovating_competitively/aerospace/Virgin-Galactic.pdf.

③ Marini, Matteo. "Turismo spaziale. Nel 2020 i primi voli da una base italiana". Corriere della Sera, Dec. 4th 2016. http://www.repubblica.it/scienze/2016/12/04/news/turismo_spaziale_nel_2020_i_primi_voli_da_una_base_italiana_-153386465/.

④ Aerospace Logistic Technology Engineering Company (ALTEC) Press Office. "Accordo Altec- Virgin Galactic". ALTEC, Dec. 5th 2016. https://www.altecspace.it/accordo-altec-virgin-galactic.

面，太空船二号的某些部件由于受美国知识产权法的约束，可能会通过在意大利设计和制造的元件得以升级。这将为意大利开辟新的通道，并为欧洲航天领域的进一步发展孕育新的市场，为欧洲的初创企业和中小型企业提供机会，前提是要建立适当的监管框架和新的金融计划，而这些已在美国实行。

4.3.2 太空居住：毕格罗宇航公司

在太空旅游之后，建造太空居住点的想法在十年前还被视为纯科幻小说。充气式或扩张式的居住舱是加压结构，能够支撑在外层空间的人类生活，发射后会扩大其内部容积。

从技术的角度来看，充气式结构是在 20 世纪 90 年代开发的，一些操作应用已部署在太空中，例如大型反射器。自从 20 世纪 60 年代以来，专门从事地面酒店的企业家就一直构想在太空中建造充气式居住舱，当时第一代月球酒店项目是巴伦·希尔顿以其同名连锁酒店和固特异（Goodyear）规划的。这个项目被认为是不安全的，直到 20 世纪 90 年代 NASA 才放弃了这个想法。当时的总统乔治·H. W. 布什发起了《太空探索倡议》[①]，允许 NASA 规划一次载人火星

① The Space Exploration Initiative was a 1989–1993 space public policy that called for con- structing Space Station Freedom, sending humans back to the Moon to stay and sending astronauts to explore Mars. Bush proposed also a long-term commitment based on the building of the Space Station, Moon and Mars exploration. In the event, execution of the initiative was assigned toNASA, but the initiative did not survive long into the administration of the next president, Bill Clinton. NASA.https://history.nasa.gov/seisummary.htm.

任务，并设计一个太空站将航天员送往火星。在这种框架下，NASA 再次研究了可充气居住舱计划，并精心设计了 TransHab 充气舱，将用于载人火星任务。TransHab 项目没有得到国会的支持，因此《2000 财年 NASA 授权法案》取消了该项目[①]。

同时，企业家罗伯特·毕格罗创立了毕格罗宇航公司，开始致力于充气式居住舱。毕格罗通过拥有连锁酒店发家致富。由于对太空活动的热爱，他决定创建自己的公司；在偶然发现上述 TransHab 项目后，他提出了在太空中建造旅馆的想法[②]。

TransHab 项目被取消后，考虑到 NASA 的情况，毕格罗为一个新项目申请发放了知识产权许可。按照他自己的哲学，毕格罗的首要任务是降低居住舱的成本，以确保商业开发的可行性。至于商业领域的许多其他初创企业，毕格罗计划削减制造和进入太空的成本。他最初的承诺是拿出 5 亿美元的个人财富。毕格罗在他的商业计划中将发射任务外包给其他人，购买了现成的硬件，并将公共部门排除在制造阶段之外。他还设法避免支付维护居住舱轨道位

---

① H.R. 1654—National Aeronautics and Space Administration Authorization Act of 2000. 106th Congress (1999–2000). Approved on December 9th 2000. https://www.congress.gov/bill/106th-congress/house-bill/1654.

② Higginbotham, Adam. “Robert Bigelow Plans a Real Estate Empire in Space”. Bloomberg,Mar. 3rd 2013. https://www.bloomberg.com/news/articles/2013-05-02/robert-bigelow-plans-a-real-estate-empire-in-space.

置的燃料费用①。

当 TransHab 项目正式撤销后，毕格罗以 40 万美元的初始费用和一笔更高金额的保证金申请了该技术的许可，以进一步开发他的项目，其中包括负责 TransHab 项目的专家的参与。他的第一个充气式居住舱样机是起源 -1（Genesis Ⅰ），2006 年由一枚俄罗斯火箭发射，2007 年又发射了起源 -2（Genesis Ⅱ）。两个样机都很成功。

在第一次成功发射后，毕格罗继续开发技术，从织物层开始重新设计舱段，并在充气式居住舱项目上获得了 15 项专利。这一开发带来了他亲自支持的新投资。特别是起源 -1 发射后，他投资了 7 500 万美元，用于 NASA 技术的专有推广，到 2010 年又投资了 1.8 亿美元，这使公司得以进一步发展②。2015 年，毕格罗又向公司投资了 5 亿美元，以实现他的目标。这些投资使毕格罗宇航公司及其创始人成为商业冒险家，完全体现了美国的经营理念，并将公司建立在这个资本密集且监管严格的市场中。毕格罗的商业计划和他的目标一样简单：通过在太空创建从根本上来说是旅馆或科学实验室的多用途建筑物，将他在房地产领域的经验应用

① Little, Geoffrey. “Mr. B’s Big Plan”. Air&Space Magazine, Jan. 2008. http://www.airspacemag.com/space/mr-bs-big-plan-23798796/.

② Solomon, Lewis D., “The Privatization of Space Exploration. Business, Technology, Law and Policy”. Transaction Publishers, New Jersey. 2008. ISBN 978-1-4128-0759-3.

到太空[①]。

毕格罗下一代商业空间站是他计划建造的下一个重大项目：该空间站由两个 B330 充气式舱段和一个中央对接节点、推进装置、太阳能电池板以及可以连接到其他 B330 的相关部件组成。该项目于 2010 年宣布，当时公司开始与 NASA 合作。NASA 希望研究能够在长期和远离地球的任务中使航天员保持健康和安全的居住舱方案。与美国工业界的公私合营（PPP）允许对方案进行评估，这些方案将帮助航天员在深空中生存，充气式居住舱也已列入方案清单。

毕格罗充气式试验舱（BEAM）是毕格罗宇航公司与 NASA 合作的成果。BEAM 是连接到 ISS 的充气式技术的试验成果。2012 年 12 月，NASA 与毕格罗宇航公司签订了一份 1 780 万美元的合同，根据 NASA 的先进探索系统（AES）计划建造 BEAM[②]。2015 年年初，BEAM 计划在当年 9 月由 SpaceX 公司的 CRS-8 向国际空间站运送补给时搭载发射。由于 CRS-7 在夏季发射中失败，导致此次发射推迟。

2016 年 4 月，BEAM 搭乘 SpaceX 公司的 CRS-8（第 8 次“商业补给服务”任务）发射。一旦发射并对接在国际空

① Fishman, Charles. “This Expandable Structure Could Become the Future of Living in Space”. Smithsonian Magazine, April 11th 2016. http://www.smithsonianmag.com/science-nature/robert-bigelow-visio-future-living-space-180958698.

② Also Sierra Nevada Corporation was awarded by a contract after the construction of the Common Berthing Mechanism under a 16-month firm fixed-price contract in May 2013. NASA plans were made public in mid-2013 calling for a 2015 delivery of the module to ISS.

间站的宁静号节点舱，BEAM 就注满空气并膨胀。它会在站上停靠 2 年以开展进一步验证。在 2024 年国际空间站退役后，美国政府没有具体的空间站研制计划，但有一点是明确的，即 NASA 将为私营企业发展商业空间站提供支持，即使目前没有任何承诺。的确，毕格罗的梦想很大：该公司正在开发能够支持 6 名航天员的 B330 舱段。B330 作为一个独立的商业空间站，可以促进科学和休闲方面的一系列活动[①]。显然，NASA 的支持将促进毕格罗商业空间站的建设[②]。可以肯定的是，NASA 与毕格罗宇航公司签订的 BEAM 合同是 NASA 致力于与工业界合作以激励商业航天工业发展的一个范例，并且，这将为 NASA 未来的载人火星飞行铺平道路[③]。

充气式居住舱的改进可能会对月球和火星的殖民产生影响，毕格罗宇航公司不仅可以与 NASA 建立商业关系，还可以与其他公司进行商业合作。目前，毕格罗宇航公司与 SpaceX 公司、联合发射联盟（ULA）公司和波音公司建立了正式关系。与 ULA 的关系始于 2016 年 4 月，当时毕格罗

---

① Wall, Mike. “Inflatable Habitats: From the Space Station to the Moon and Mars?” Space.com, Aug. 18th 2015. http://www.space.com/30277-bigelow-aerospace-private-space-station.html.

② Wall, Mike. “Private Space Habitat to Launch in 2020 Under Commercial Spaceflight Deal”. Space.com, April 11th 2016.http://www.space.com/32541-private-space-habitat-launching-2020.html.

③ NASA Facts, “Demonstrating Technologies For Deep Space Habitation”. NASA, March 2016. https://www.nasa.gov/sites/default/files/atoms/files/2016-march-beam-factsheet-508.pdf.

宇航公司签署了一项协议，旨在通过ULA的宇宙神5–412和422发射系统由波音公司CST-100太空舱向近地轨道（LEO）居住舱提供乘员运输服务。这两个舱段中的第一个计划在2019年年底发射，第二个将在2020年发射。除了太空旅游业务外，这种伙伴关系还将增加许多部门的太空研究机会。根据协议，这两个B330舱段一旦进入LEO，每年的载人商业航班数量可能会增加1倍（或4倍）以上。此外，毕格罗宇航公司和ULA指出，一旦居住舱市场建立起来，其他的B330舱段可以部署到月球或火星附近，或任何必要的地方，以满足预期增长的太空居住容量的需求①。

与波音公司的合作是基于NASA“商业乘员开发”计划的乘员空间运输舱的最初提议和开发。特别是，波音公司的乘员空间运输项目（CST-100）将用于向LEO居住舱运送机组人员②。

更重要的是与SpaceX公司的合作，因为两家公司可能会分享未来在商业航天领域的主要成就。毕格罗宇航公司和SpaceX公司共同致力于为国家航天局、公司、大学和其他机构提供独一无二的机会，以前所未有的方式进入太空的微重力环境③。两家公司将联合为太空旅行的乘客提供搭乘猎鹰

---

① Gebhart, Chris.“ULA and Bigelow announce partnership for first commercial space stations”. NASA Spaceflights, April 11th 2016. https://www.nasaspaceflight.com/2016/04/ula-bigelow-partnership-first-commercial-space-stations/.

② http://www.bigelowaerospace.com/boeing.php.

③ http://www.bigelowaerospace.com/spacex.php.

火箭前往位于 LEO 的毕格罗居住舱的服务[1]。

4.3.3　火星殖民：SpaceX 公司

如上所述，SpaceX 公司最大的雄心是征服火星。它基于这样一个假设：未来人类有两种选择，一种是灭绝，另一种是通过让人类成为多行星物种来使其获得拯救。马斯克想走的路是将人类转变为太空人类[2]。

火星是许多科学任务的中心，并且由于与地球的某些相似之处而受到人们的关注，这促使人们认为火星是一个适合人类居住的星球。这颗红色星球的表面形态和水的存在使它成为太阳系中第二个适宜居住的行星。

从根本上讲，SpaceX 计划提供低成本的运输系统，使在火星上建立永久和自给自足的殖民地成为可能。该任务是埃隆 · 马斯克于 2016 年 9 月在墨西哥瓜达拉哈拉举行的国际航天大会（IAC）上介绍的，他给出了关于该项目的一些设想，包括其原理，如何计划在红色星球上定居以及将使用的技术。但是他没有详细说明与实现任务有关的可能的商业

---

① Spaceflight Insider, "'BEAM me up SpaceX!' Bigelow's prototype habitat loaded onto CRS-8 Dragon". Spaceflight Insider, Mar. 26th 2016. http://www.spaceflightinsider.com/organizations/bigelow-aerospace/beam-spacex-bigelows-prototype-habitat-loaded-onto-crs-8-dragon/#pHbwhOk3WfsBSZof.99.

② Woolf, Nicky. "SpaceX founder Elon Musk plans to get humans to Mars in six years". The Guardian, Sept. 28th 2016. https://www.theguardian.com/technology/2016/sep/27/elon-musk-spacex-mars-colony.

模式[①]。

要在火星上建立定居点，除了技术问题之外，还有更多的问题要解决。最大的挑战是在一个恶劣的环境中从零开始建立一个殖民地。关于旅程、环境、居住舱的安全性和技术解决方案，需要考虑许多方面的问题。但最重要的是一些经济方面的考量：如何为这种任务提供资金？SpaceX 公司以降低进入空间的成本而闻名，而猎鹰 9 号火箭是市场上最便宜的火箭之一。但火星任务不会是一个简单的再补给任务，而且 SpaceX 公司自身似乎也不太可能为这样的冒险提供资金。自从马斯克开始他的太空冒险以来，特别是从 2012 年开始，他就一直谈论在火星上定居。最初的计划是派 10 个人去建立一个殖民地，这个殖民地最终会发展壮大[②]。

撇开经济问题不谈，马斯克打算利用猎鹰 9 号火箭的技术和它的完全可重复使用特性来降低运输和总体任务成本。另一种选择是在太空中补充推进剂，这将大大有助于减少旅程时间并减少运载工具的复杂性（和费用）。当然，这增加了在火星上利用当地可用资源原位生产推进剂的可能性。将所需的运载能力分散到多个发射场中将降低总体开发成本，并将压缩任务本身的时间表。从这个角度来看，作为马斯克

① Chang, Kenneth. “Elon Musk’s Plan: Get Humans to Mars, and Beyond”. New York Times, Sept. 27th 2016. https://www.nytimes.com/2016/09/28/science/elon-musk-spacex-mars-explor ation.html?_r=0.

② Becker, Rachel. “The race to Mars: here’s how SpaceX ranks against the competition. Who will get to the Red Planet first?” The Verge, Sept. 30th 2016. http://www.theverge.com/2016/9/30/13114704/spacex-elon-musk-vs-mars-one-nasa-mission-timeline.

口头禅的“可重复使用”是根本的推动因素[①]。

接下来的问题是：如何为这样的任务提供资金？马斯克似乎并不急于推进该项目的实际开发。他最近表示，为火星任务工作的员工以及为该任务分配的资源不足公司能力的5%（图 4-6）。

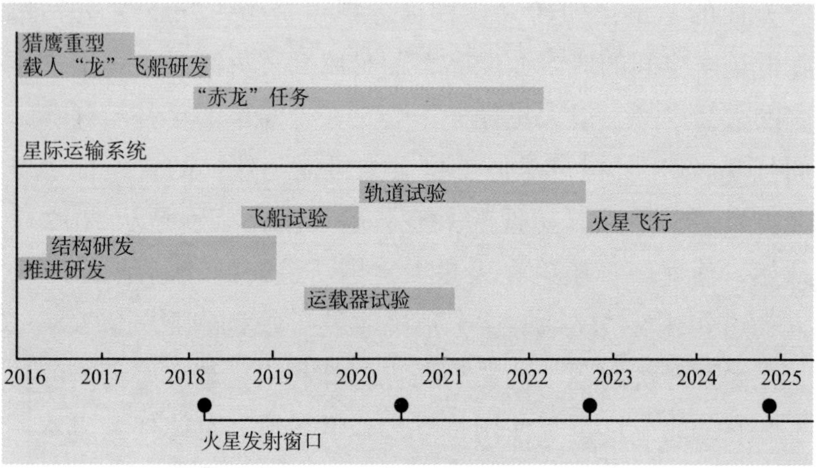

图 4-6　SpaceX 火星任务时间表
（图片来源：SpaceX）

该项目仍处于起步阶段，任务的发展速度将取决于公司相关活动的整体进度，例如实际和经过验证的可重用性以及发射业务。目前，该公司的首要任务之一是准备好猎鹰重型火箭，并继续开发载人型“龙”飞船（Dragon 2），这是

① Coldeway, David. “Musk says under 5 percent of SpaceX is working on Mars mission, 2024 launch is ‘optimistic’”. Techcrunch, Sept. 27th 2016. https://techcrunch.com/2016/09/27/musk-says-under-5-percent-of-spacex-is-working-on-mars-mission-2024-launch-is-optimistic/.

SpaceX 公司业务不可或缺的一部分，也是未来任务的基础。

正如他在 IAC 上介绍的那样，星际运输系统（ITS）将是有史以来最强大的火箭和一艘每次飞行至少可将 100 人运送到火星的太空飞船的结合。ITS 应该完全基于可重用使用的概念[①]，并将是 SpaceX 公司猎鹰 9 号第一级的改进版本，它由 42 台“猛禽”（Raptor）发动机提供动力。

关于成本，马斯克估计，如果按 NASA 的方法实施，整个旅程的人均总费用约为 100 亿美元；但如果使用 SpaceX 公司的模式，每人的费用约为 20 万美元，甚至低至 10 万美元。为了实现这一目标，马斯克提出了大约 100 亿美元的总体预算。目前尚不清楚如何执行这样的任务，但是从他的演讲中可以看出，它不可能是一个完全私有的企业。SpaceX 公司将会寻求机构的支持，通过与 NASA 建立公私合营来开展火星任务[②]。

另一方面，NASA 还计划在 21 世纪 30 年代末之前将航天员送往火星，重申了 2010 年的一项指令。NASA 正在采取多步骤方法，最终目标是将人类送上火星，其中第一步是最近的 NASA 航天员斯科特 · 凯利（Scott Kelly）与航天员米哈伊尔 · 科尼年科（Mikhail Kornienko）在国际空间站进行的为期 11 个月的任务。两种任务有一些相似之处，特别

① According to the plans, ITS should be fully reusable for at least dozen times.

② Schroeder, Christian. “How feasible are Elon Musk’s plans to settle on Mars? A planetary scientist explains”. Phys.org, Oct. 30th 2016. https://phys.org/news/2016-10-feasible-elon-musk-mars-planetary.html.

是任务的持续时间。然后，NASA 还计划再次到达月球以测试猎户座乘员舱并为火星创建一个前哨基地 ①。

对 NASA 而言，与 SpaceX 公司建立 PPP 可能是一个机会。因此，SpaceX 公司可以确保降低运输成本，并且根据马斯克的计划，还可以缩短旅行时间。而 NASA 将只专注于 SpaceX 公司并没有引起太多关注的太空探索领域。NASA 和 SpaceX 公司有着类似的时间表，这让 PPP 的可能性变得有意义。

由于 SpaceX 公司在执行首次火星机器人任务以及计划在 2018 年对“龙”飞船进行测试时进度缓慢，因此该公司很可能缺少资源来执行这一雄心勃勃的计划。目前，火星机器人任务的第一阶段仍然只是一个项目，直到猎鹰重型火箭和 SpaceX 公司的乘员运输设施建设完成 ②。

4.4 小卫星

小型化是新航天发展的推动因素之一，因为它使企业家和利益相关者能够以较少的预算开发出创新的产品。小卫星可以助力新兴公司在航天领域获得立足点，这从对小卫星需

① Wall, Mike. “Mission to Mars: Here Are All of the Red Planet Plans in the Works”. Space.com, Oct. 12th 2016. http://www.space.com/34365-mars-missions-by-nasa-spacex-and-more.html.

② Zipkin, Nina. “SpaceX Pushes Back Mars Mission Timeline”. Entrepreneur, Feb. 21st 2017. https://www.entrepreneur.com/article/289558.

求的增长可以得到印证[①]。小卫星在近地轨道（LEO）上越来越广泛地用于科学试验、遥感或通信等领域。

小卫星在私营航天产业中尤其受欢迎，相比之下，传统的卫星重量更重，成本更高，而且往往需要数年时间才能达到发射就绪状态。此外，一颗传统的卫星通常需要一枚完整的火箭来完成发射工作，使得发射费用很高。小卫星的出现缩短了卫星制造的周期，并降低了成本。更重要的是，可以用一枚火箭同时发射多颗小卫星，从而大大降低了进入太空的成本。此外，小卫星可以开展一些不宜用大型卫星执行的任务，例如通信、技术试验、大学的相关研究等。

这些小卫星大多是用传统发射装置作为搭载载荷发射的，但越来越多的公司现在正试图开发小卫星发射的专用解决方案，特别是基于小型发射装置的发射服务（表 4-1）。

表 4-1　按卫星质量分类

卫星	质量
飞卫星	10~100 g
皮卫星	0.1~1 kg
纳卫星	1~10 kg
微小卫星	10~100 kg

资料来源：汉诺威大学 ESPI 分析。

① BHO Legal, Spacetec, German Federal Ministry of Economy and Energy, “New business models at the interface of the space industry and digital economy. Opportunities for Germany in a connected world—Executive Summary”, SpaceTec, September 2016, http://www.spacetecpartners.eu/sites/default/files/content/attachments/bmwi_newspace_spacetecpartners_exsum_final.pdf.

2015 年，小卫星市场的价值在 1.8 亿 ~4.1 亿欧元之间[①]。这一市场的扩张对于商业公司而言是重要的飞跃。从面向大学生的科学项目来看，微小卫星现在正成为创新的主要要素，小卫星性能的提高使其有能力执行特定的任务。例如，Planet 公司（其前身为行星实验室公司）的由 100 颗立方体卫星组成的星座正在提供图像支持民用和商业应用，包括灾难响应。一般来说，小卫星与传统大卫星相互补充，从而可以具备更多的功能。例如，在危机情况下，Planet 公司立方体卫星星座提供的近实时低分辨率成像可提供更多相关信息，与具有较长的重访周期的大型卫星提供的高分辨率图像信息进行互补。

截至 2014 年，已经发射了 172 颗小卫星，而在 2015 年，发射了约 175 颗小卫星。据估计，2016 年发射的小卫星数量为 210 颗，到 2020 年预计将发射约 500 颗小卫星和 3 颗传统卫星，这一数字还将继续增长。无论数字如何，这个行业的大玩家都不会放弃这一新兴市场。什么东西会蓬勃发展并引起大企业的注意呢？当然是用于小卫星发射的运载火箭和立方体卫星的广泛使用[②]。

如上所述，小卫星主要是为教育目的而开发的，并且大多是在内部进行的。但在 2011—2015 年期间，机构和教育

① PwC, "Micro-launchers: what is the market?" PwC, Feb. 2017. https://www.pwc.fr/fr/assets/files/pdf/2017/02/micro-lanceurs_dec2016.pdf.

② Smith, Rich. "Microsatellites: The Next Hot Growth Market for Tech?" The Motley Fool, Jun. 26th 2016. https://www.fool.com/investing/2016/06/26/microsatellites-the-next-hot-growth-market-for-tec.aspx.

领域对有效载荷的需求约占小卫星发射的 60%[①]，与此同时，商业发射也有所增加。现在看来，对微小卫星发射系统的需求不断增加，并且可能成为航天产业的新组成部分。小卫星通常不会单独发射，而是作为搭载载荷发射。

新公司，尤其是私人支持的初创企业，主要以卫星运营商的身份出现，他们关心的是部署具有成本效益的基础设施。微小卫星运营商对小型运载器提供商的出现表示欢迎，其发射费用具有竞争力，并且具有灵活性和适用性。在财政上，开发小型运载器需要大量资金，即使通过私营投资方也很难实现。这就是一些小型运载器项目得到了大学机构和/或政府机构支持的原因。2015 年，NASA 将 3 项合计价值 1 710 万美元固定价格的风险类发射服务（VCLS）合同分别授予火箭实验室（RocketLab）、维珍银河公司和萤火虫太空系统公司（Firefly Space Systems），这些合同允许每家公司在 2018 年 4 月之前向 LEO 发射立方体卫星，其目的是展示火箭技术的进步有助于以较低成本将立方体卫星发射升空，这也是太空商业化的重要一步[②]。

在欧洲，地平线计划（H2020）支持 ALTAIR 项目。该项目旨在验证一种新的具有成本效益和可靠的空间发射系统

① The majority of the launches were free.

② The awarded companies received respectively: Rocket Lab $6.9M; Firefly Space Systems $5.5 million; Virgin Galactic $4.7 million. Wall, Mike. “NASA Picks New Rocket Rides to Launch Small Satellites”. Space.com, Oct. 14th 2015. http://www.space.com/30826-nasa-small-satellites-rocket-rides.html.

的可行性，该系统适用于将小卫星发射进入LEO。该项目为期36个月，总预算为400万欧元，由欧盟委员会提供350万欧元，瑞士提供50万欧元[①]。总的来说，小卫星专用发射装置的商业模式还未得到验证。小卫星发射器未来成功与否取决于所开发的商业模式的可信度。目前小型运载器市场还未形成商业模式，这可能妨碍该领域的发展，而且技术上的挑战使小型运载器成为一个风险与希望并存的解决方案[②]。

目前很少有公司在开发小型运载器。维珍银河于2017年3月初宣布与维珍银河和太空船公司成立同属维珍集团旗下的维珍轨道公司（Virgin Orbit）。该公司将致力于使用其运载一号（LauncherOne）轨道运载火箭将小卫星送入太空。组建维珍轨道公司的决定是出于航天领域的当前趋势：小卫星的发展以及以经济高效的方式进入太空的需求[③]。随后，火箭实验室和波音公司与洛克希德·马丁公司成立了一家合资企业，该公司正试图开发运载火箭以降低发射成本[④]。在欧洲，西班牙的PLD航天公司正在开发低成本的运载火箭（见第6章）。

---

① http://altair-h2020.eu/about.

② PwC, “Micro-launchers: what is the market?” PwC, Feb. 2017. https://www.pwc.fr/fr/assets/files/pdf/2017/02/micro-lanceurs_dec2016.pdf.

③ Etherington, Darrell. “Virgin’s newest company is Virgin Orbit, a small satellite specialist”. Techcrunch, Mar. 3rd 2017. https://techcrunch.com/2017/03/03/virgins-newest-company-is-virgin-orbit-a-small-satellite-specialist/.

④ Klotz, Irene. “Lockheed-Boeing rocket venture to launch micro satellites”. Reuters, Nov. 19th 2015. http://www.reuters.com/article/space-satellite-ula-idUSL1N13E24920151119.

立方体卫星被归类为纳卫星，立方体卫星是目前使用最多的小卫星。立方体卫星常用于低轨，特别是在遥感和通信方面。随着技术的发展，它们也将用于地球轨道以远的任务。多年来，这些小卫星主要用于大学和机构项目。随着商业市场的发展，立方体卫星由于质量小（约 1.33 kg），所需火箭推进剂少，因此可降低发射成本。行星公司和 OneWeb 公司正在验证商业立方体卫星所带来的成本优势。立方体卫星设计方面的挑战也带来了一些不利影响：小型化使卫星更容易受到辐射的影响，并且它们的寿命很短。最后一个问题涉及成本效益方面，由于小型化和低成本使卫星运营商可以生产更多类型的立方体卫星，并保证在轨卫星的更替，从而为小型企业带来更多的便利[①]。

卫星未来的趋势可能是极端小型化，直到飞卫星（质量为 35 g 的 3 cm 立方体）。第一颗飞卫星是在 2014 年研发的。极端小型化将使发射的价格甚至低于立方体卫星。即使是一颗飞卫星大小的卫星，其发射成本也大概需 10 万美元，而研制和发射准备则需要 1 万 ~5 万美元。飞卫星可能会成为教育工作者、研究人员和太空爱好者的产品[②]。

① Howell, Elisabeth. “CubeSats: Tiny Payloads, Huge Benefits for Space Research”. Space.com, Oct. 6th 2016. http://www.space.com/34324-cubesats.html.

② Berger, Eric. “The next big thing in space may be really, REALLY small satellites”. Ars Technica, April 7th 2016. https://arstechnica.com/science/2016/04/the-next-big-thing-in-space-may-be-really-really-small-satellites/.

4.4.1 研究和教育项目

大学开展的空间研究活动的特点是大量使用大学制造和发射的小卫星。在小型系统中，最常用于空间研究的是立方体卫星。第一颗立方体卫星是在 20 世纪 90 年代末由两位教授提出设计的，他们是 Jordi Puig-Suari（加州理工学院）和 Bob Twiggs（斯坦福大学）。他们试图通过设计一种低成本的卫星来帮助学生获得制造卫星的工程经验。

采用立方体卫星开展的大学研究项目在世界各地广泛开展，这也被认为是新兴航天国家展示本国技术能力和发展国家航天工业的一个机会。

开发立方体卫星使学生能够直接从事实际的空间项目。2013 年，用于教育的立方体卫星发射达到了顶峰，并引起了欧洲大学的广泛关注。这些项目的特点是研发时间短，这为科学家提供了以极低的成本频繁开展新试验的机会。

在意大利，博洛尼亚大学和罗马萨皮恩扎大学在不同项目支持下发射了一定数量的小卫星。2003 年，博洛尼亚大学工程与建筑学院（Forli 的小卫星实验室）启动了一项新的小卫星研究计划。第一颗发射的微小卫星是 AlmaSat-1，这颗卫星于 2012 年 2 月由首飞的维加火箭从库鲁发射中心发射到 LEO。该卫星的首要任务是测试，用以验证用于对地观测小卫星的关键技术。该任务由意大利研究和高等教育部（MIUR）资助。所有基础设施都是由年轻的研究人员或学生开发的。与欧洲空间局的合作使负责研制 AlmaSat-1 的 AlmaSpace 公司与业界关联起来。继而在 2015

年，AlmaSpace 公司与 SITAEL spa 和 ALTA 合并，成为一家大公司[①]。

罗马萨皮恩扎大学成立了萨皮恩扎空间系统和空间监视实验室（S5Lab）。实验室的主要研究活动之一是卫星系统设计。这使得该实验室成为由比利时冯·卡门流体力学研究所（Von Karman Institute）领导的 QB50 项目的一部分，该项目的目的是通过使用 50 颗立方体卫星进行原位测量来研究低热层的特性[②]（图 4-7）。

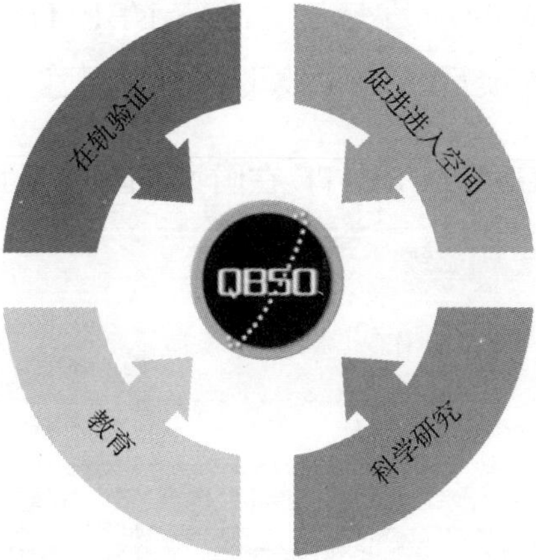

图 4-7　QB50 实施方案
（图片来源：QB50）

① SITAEL, ALTA and ALMA Space merge into SITAEL. SITAEL Press Office, Jan. 30th 2015. http://www.sitael.com/alta-almaspace-merge-sitael/.

② Pellegrino, Alice. "Sapienza Space Systems and Space Surveillance Laboratory". Unisec Europe. http://unisec-europe.eu/missions/sapienza-space-systems/.

QB50项目旨在验证由低成本运载火箭发射50颗由世界各地大学团队建造和开发的立方体卫星的可能性，这些卫星的有效载荷将在低热层中开展科学探测任务[①]。

2017年对于该项目和萨皮恩扎大学来说是非常重要的一年。2017年4月，罗马萨皮恩扎大学启动了Ursa Maior任务（罗马拉·萨皮恩扎大学的微推进系统将用于姿态控制和空间碎片清除测试）。该任务将在QB50项目的框架内进行科学试验[②]。

另一个相关的项目是TUGSAT-1/BRITE和由ESA教育计划支持的机构项目——“放飞你的卫星!”（表4-2）。

表4-2　TUGSAT-1/BRITE在国家和国际层面的合作框架

国家级	国际合作
国家合作	柏林空间技术公司，德国
格拉茨工业大学电子研究所	欧洲空间局
格拉茨工业大学微波与光子工程研究所	波兰GMV
格拉茨工业大学自动化与控制研究所	丹麦GOMSPACE
格拉茨工业大学技术信息学研究所	德国MEW航空航天
格拉茨麦格纳斯太尔工程股份公司	波兰华沙空间研究所
奥地利科学院空间研究所（IWF），格拉茨	
格拉茨联合信息技术解决方案公司	

来源：ESPI分析，格拉茨工业大学。

① https://www.qb50.eu/index.php/project-description-obj.

② www.nanosats.eu.

由格拉茨工业大学与多伦多大学航天实验室合作开发的 TUGSAT-1/BRITE-Austria 是奥地利向太空发射的第一颗卫星，于 2013 年发射入轨。2017 年 2 月，TUGSAT-1/BRITE 庆祝了它的第四个生日。TUGSAT-1 是自 2013 年以来在地球轨道上运行的 5 个纳卫星之一，其目的是收集和传送有关发光恒星亮度的数据。BRITE（明亮目标探测器）利用小型和低成本卫星为天文学家开辟了新的领域。BRITE 星座由 6 颗成对工作的纳卫星组成，即 2 颗奥地利卫星（TUGSAT-1/BRITE-Austria 和 UniBRITE），2 颗波兰卫星（BRITE- PL1 和 BRITE- PL2）和 2 颗加拿大卫星（BRITE- CAN 1 和 BRITE- CAN 2）。BRITE 的目的是提高公众对空间研究和技术的兴趣。

鉴于 TUGSAT-1 卫星的研制经验，ESA 授予格拉茨工业大学一个新的纳卫星研制项目（OPS-SAT），该项目于 2017 年启动。OPS-SAT 和 TUGSAT-1 一样都是非常小的卫星。这个项目的重要性在于，当小卫星技术蓬勃发展时，TUGSAT-1 引起了航天机构和业界的兴趣。公众对小卫星的兴趣是由于小卫星能以更快的速度和更低的成本开发和测试新技术，而成本只是普通卫星的一小部分。此外，纳卫星的制造周期也很短。整个 OPS-SAT 项目将耗资约 240 万欧元，并将涉及许多国家和国际研究机构的合作。

ESA 参与小卫星项目取决于成员国的活动。小卫星是 ESA 计划的一部分，用于技术验证或研究和应用。由于 ESA 成员国中的非政府机构，包括大学和教育中心等越来越多地使用小卫星，ESA 向这些新的参与者提供技术支持，给予发射便利，以及与小卫星寿命末期处置和减缓空间碎片相关活动的支持。

ESA 对大学和教育机构的支持促成了“放飞你的卫星！”项目的启动。这项计划始于 2013 年，旨在邀请 ESA 成员国的学生团队参加卫星从概念设计到发射入轨的所有阶段。该项目由 ESA 教育办公室管理，可帮助学生积累太空项目的实践经验。在 ESA 的指导下，专业技术人员向学生介绍专业航天项目所采用的工作方法，这些方法将有助于提升专业技能。

截至 2015 年，ESA 的教育办公室已经支持了来自 ESA 成员国和合作国家的 20 个学生立方体卫星团队。第一颗立方体卫星是在 2012 年建造并在维加火箭的首飞中发射升空。2013 年，在“放飞你的卫星！”项目第一阶段，选定了 6 颗立方体卫星参与项目，其中 3 颗已于 2016 年 4 月搭载联盟号火箭发射。2015 年，AAUSAT5 卫星被发送到国际空间站，并采用国际空间站为“放飞你的卫星！”项目配置的专用发射装置发射入轨[①]（图 4-8）。

ESA 的参与意味着，尽管这些小卫星的质量和尺寸都很小，但小卫星对开发商、运营商和用户的好处现在已经得到认可。小卫星能够满足支持可持续利用外层空间的一系列要求[②]。

---

① European Space Agency (ESA). Fly Your Satellite! Programme. ESA. http://www.esa.int/Education/CubeSats_-Fly_Your_Satellite/Fly_Your_Satellite!_programme/.

② United Nations Committee on the Peaceful Uses of Outer Space (UNCOPUOS). Legal Subcommittee, Fifty-fifth session. The European Space Agency and small satellite activities. General exchange of views on the application of international law to small satellite activities. A/AC.105/C.2/2016/CRP.19, 8 April 2016. United Nations. Vienna, 4–15 April 2016.

图 4-8　“放飞你的卫星！”流程图
（图片来源：ESPI 分析，ESA）

4.4.2　Leaf 航天公司：成功的意大利范例

微小卫星为小型公司（尤其是初创企业）提供了进入空间领域的机会。尤其是南欧，在这一领域似乎更为积极主动，例如，西班牙的初创企业 PLD 航天公司就是一个相当成功的例子。PLD 航天公司希望为微小卫星市场开发小型发射装置，以较低的成本进入空间。

在意大利，初创公司 Leaf 航天公司旨在确保小卫星运营商能以简化的流程将小卫星发射入轨，并将其转化为真正的业务。其中期规划是提供一种比目前价格低得多的电信服务。核心服务包括遍布全球的 20 个高性能天线网络和能提供远程集中管理服务的软件基础设施。这样，小卫星运营商将能够通过专用的网络平台，安全、快速地从卫星或从自己的星座下载数据①。

目前，Leaf 航天公司正在开发三款产品：

1）Primo 是一种超轻的二级运载火箭，能够将 50kg 载荷发射到 LEO。由于 Primo 火箭采用了复合材料和混合推进技术，故非常安全、可靠和环保，并能确保精确入轨，同时极大地降低故障风险。所有组件的设计都考虑到了可重复使用，以便将来开发可重复使用的运载火箭。

2）Seed 是下一代空间混合火箭发动机，用于空间应用，如变轨或离轨操作。最初设计专用于纳卫星和微小卫星。

3）Leaf Line 是专用于纳卫星、微小卫星和小卫星的地面站网络，可以支持多个轨道和不同的传输协议。

与其他竞争对手相比，Leaf 航天公司计划建立的创新型、集中式卫星通信服务应能保证以方便、快速和廉价的方式访问空间数据。

当 Jonata Puglia、Michele Messina 和 Giovanni Pandolfi 三人在米兰理工大学的学生协会——太空实验火箭协会相遇

---

① Organtini, Chiara. “Leaf Space, la startup che prende i dati dei satelliti”. L’Espresso, Aug. 12th 2016. http://espresso.repubblica.it/attualita/2016/08/09/news/leaf-space-la-startup-che-cattura-i-dati-dei-satelliti-1.279975.

后，他们共同成立了 Leaf 航天公司①。这家成立于 2014 年的新公司，由于业务范围相似，可以被认为是太空实验火箭协会的支柱产业之一。Leaf 航天公司的创始人随后决定进行一次市场分析，以确定创业方向。2015 年，在米兰举办的 2015 年世博会上，该公司被评为伦巴第地区 24 家最具创新性的初创企业之一②。

同年，Leaf 航天公司加入了都灵理工大学的孵化中心 I3P，并在那里设立了一个运营办公室。Leaf 航天公司一旦宣布获得 Premio Marzotto 的支持，就可以在 PoliHub（米兰理工大学的创业区和孵化器）开始免费孵化期。

2016 年，Leaf 航天公司成功说服欧盟委员会，获得由地平线计划（H 2020）中小企业工具（SME Instrument）第一阶段（概念和可行性论证）提供的 5 万欧元资金，然后又被允许转到中小企业工具的第二阶段（创新发展商业资助）。

2016 年 7 月，Leaf 航天公司在一轮由 RedSeed 风投、科莫风投（Como Venture）、Key Capital 和 PoliHub 牵头的风

① The scope of this association, born in 2012, is to design and realise small and medium sized experimental sounding rockets. http://www.skywarder.eu/blog/en/.

② Leaf Space was among the others start-ups awarded. Impresa Mia. “Start-Up Leaf Space: Verso lo spazio passando per l’Expo”. Impresa Mia, Apr. 23rd 2015. http://www.impresamia.com/startup-leaf-space-verso-lo-spazio-passando-per-lexpo/.

投中筹集了 100 万欧元的风投资金[①]。该公司打算用这笔资金推出其首款产品——Leaf Line 以及其他专用服务。PoliHub 之所以对 Leaf 航天公司感兴趣，说明了米兰理工大学和 PoliHub 等教育机构为鼓励新的创业活动提供了支持。Leaf 航天公司得到的不仅仅是资金上的支持，还得到了真正的指导，这将有助于 Leaf 航天公司获得产业意识和更广泛的关注[②]。

Leaf 航天公司已经抓住了这个机会：在世界范围内，没有多少公司正在为微小卫星开发地面站系统。美国航天飞行网络公司（Space flight networks）和挪威康士伯卫星服务公司（Norway Kongsberg Satellite Services），以及一些大型卫星供应商正试图进入小卫星市场。Leaf 航天公司的最新一轮融资使其能够建造更多的基础设施，包括在立陶宛建立一个新实验室，并为技术和商业活动雇佣更多的员工。如今，Leaf 航天公司在意大利的 Vimercate 拥有一台多用途天线，可用于 4 项试验，到 2017 年年底，另外三台位于立陶宛、西班牙、爱尔兰或苏格兰的天线将全面投入使用。Leaf 航天公司的最终目标是，到 2018 年，在世界各地建立 20 个地面站，以保证 40 颗卫星每天覆盖 6 小时。

---

① EconomyUp. “Leaf Space, un milione di euro alla startup dello spazio”. Economy Up, July 7th 2016. http://www.economyup.it/startup/4650_leaf-space-un-milione-di-euro-alla-startup-dello-spazio.htm.

② Pas, M. “Per LeafSpace in arrivo nuovi soci”. Il Sole 24 Ore, July 15th 2016. http://www.ilsole24ore.com/art/notizie/2016-07-15/-leafspace-arrivo-nuovi-soci-131210.shtml?uuid=ADim11l.

Leaf 航天公司构想的商业模式对私营投资者有足够的吸引力：该商业模式是通过订阅数据或通过支付系统购买数据（以下载的数据量定价）获利。这两种不同的支付系统针对的是两类不同的客户：订阅方式是针对拥有卫星星座的卫星运营商的需求设计的；第二种方式更适合于将卫星数据用于非商业目的的卫星用户。

客户如何以更具创新的方式与卫星进行通信 ?Leaf 航天公司将精心设计一个 Web 接口，并将其连接到收集数据的云或服务器[①]。

① Franceschini, Cinzia. “4 giovani ingegneri italiani convincono l’UE a finanziare il loro progetto di Stazioni spaziali”. Start-Up Italia, Jan. 6th 2016. http://blog.startupitalia.eu/81365-20160106-leaf-space-stazioni-spaziali-horizon-2020.

第 5 章　法律制度

本章的目的不是提供法律问题的解决方案，而是梳理问题和可能的解决方案，使读者更好地了解法律层面的问题。

5.1　我们是否应通过新的法律措施鼓励私营部门的航天活动?

目前私人航天活动的管理存在许多风险和挑战。这些问题涉及私人参与者对航天活动的管辖权、控制权、相关责任与义务。由于缺少统一的解释，给进入航天领域的新参与者带来了不确定性。规则的缺乏可能会把本来就高风险的航天事业变成一个不稳定且具有潜在危险的领域。尽管私人参与者自航天时代开启以来就参与航天运营，但近年来他们更加迫切地寻求建立新机制。21 世纪初的创新浪潮对现有机制和规则造成了冲击，这表明现有机制和法规不足以对新参与者起到真正的保护作用。新航天计划提供了以低成本方式进入空间的能力；这鼓励或迫使政府改变政策，以支持新兴企业。为了保证新技术的发展并从私营实体进行的航天活动中获得利益，新参与者需要确立一个特定法律框架，使他们能够在国际条约的规范下合法运作。

一个私营企业处理外层空间相关事务并不容易，因为私人参与者在真正启动一个项目时就不得不面对各种障碍。相关法律法规是在国际法的规范下制定及发展的，并且基于对航天活动具有高风险的认识。由于目前航天活动具有高度危险的特性，法律和管理制度旨在保护多种利益，但也在一定程度上限制了私营企业的潜力，并加剧了法律不确定性和财政不稳定的风险。由于冗余的官僚机构和烦琐的法律制度，目前的监管制度减少了参与私营企业融资的投资者数量①。

目前的法律制度明确了各国不得将外层空间据为己有。《外空条约》是在冷战期间签署的，当时世界被分成两个阵营，关于不得据为己有的条款旨在解决美国和苏联在外层空间的紧张关系所带来的问题，并维护自由进入空间的权利。现今这些动机已不再完全适用于航天发展现状及正在发生的变化。根据新航天参与者的观点，该理论已经过时，需要进行调整，以更好地反映出航天产业的不断变化。另一方面，不得据为己有原则仍可防止外空领土冲突和不加限制地使用外层空间。

《外空条约》是管理与航天相关活动最全面的条约，

① Zhao, Yun. “Space Commercialization and the Development of Space Law from a Chinese Legal Perspective”. Nova Science Publishers Inc., New York. 2009.

是国际空间法的基础[①]。它也是后续条约及各国航天立法的基础。

根据《外空条约》的规定，各国应在平等的基础上自由地探索和利用外层空间，但是不得占有。《外空条约》和之后制定的其他条约规范了一系列问题，如不得占有外层空间、军备控制、外空探索自由、空间物体的损害赔偿责任、航天器和航天员的安全及援救、避免对航天活动和环境的有害干扰、航天活动的告知与登记、外层空间自然资源的科学调查和开发、争端解决。这些条约强调了促进国际合作，在外层空间开展活动的重要性以及空间探索对人类的惠益[②]（图5-1）。

《外空条约》和《月球协定》都旨在提供一种能够平衡国际社会各方利益的法律制度。虽然关于外层空间的私有化是依靠空间物体所有国和发射国的责任和义务进行约束，但实际上并没有被明确禁止。准确地说，两项条约都禁止在外空进行活动的任何实体通过使用、占领等方式将外层空间据为己有。

① 截至2017年1月，《外空条约》已经得到105个国家的批准，另有25个国家签署。United Nations Committee on the Peaceful Uses of Outer Space (UNCOPUOS), Legal Subcommittee. Fifty-sixth session, Vienna, 27 March–7 April 2017. Status of International Agreements relating to activities in outer space as at 1 January 2017. A/AC.105/C.2/2017/CRP.7. United Nations, Vienna. March 23rd 2017.

② http://www.unoosa.org/oosa/en/ourwork/spacelaw/treaties.html.

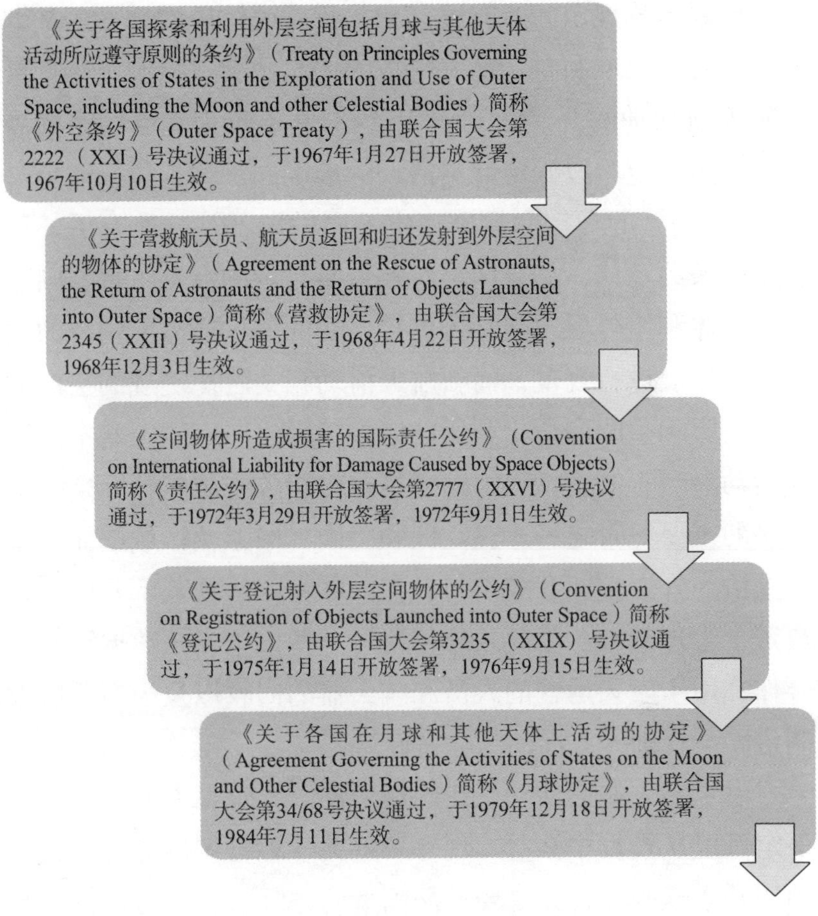

图 5-1　已批准和生效的外层空间条约及协定的年表
（数据来源：ESPI 分析，UNOOSA）

一些国家特别讨论了私营企业在外层空间活动的合法性问题。讨论主要围绕《外空条约》第一条：“探索和利用外层空间（包括月球和其他天体），应为所有国家谋福利和利益，而不论其经济或科学发展程度如何，应是全人类的事业。”

根据本款规定，所有国家和非政府团体应在公平的基础上为所有人谋取利益。随着科技的进步和太空旅游、小行星采矿等新活动的开展,《外空条约》这条较为宽泛的原则需要进一步界定，以确定此类活动的准确的法律地位，避免对《外空条约》的规定和原则衍生不同的解释。这些有关外层空间的条约承认，如果国家对私人参与者的活动负责，则非政府团体利用外层空间是可以被接受的。这就需要国家的航天法律法规进行规范，而新航天活动相关法律法规的空白被认为是影响空间商业化利用的诸多障碍之一。国家对本国航天活动参与者的责任承担问题是国内相关立法与国际空间法连接的重要纽带之一。在欧洲和美国，国家及区域层面的航天立法为外层空间商业参与者在国际空间法规范下开展活动奠定了管理基础。除此之外，还有一些关于安全数据汇编的合作、用于航天运输的人员和航天器的回收以及为商业运输制定安全规则等方面的国际文件[①]。

由于私人航天活动立法的模糊性，导致私人参与者并不一定可以从投资中获益。现有一些关于私营实体参与航天活动的基本规则。首先是要遵循国家的国际义务，但是也需要保证私人参与者的权利，这就为私人参与者和投资者确定了

① Some bilateral agreements have been signed by the U.S. Federal Aviation Administration(FAA) Office of Commercial Space Transportation and UK Civil Aviation Authorities, UK SpaceAgency, Italian Ente Nazionale per l’Aviazione Civile (ENAC).

其相关活动的合法性[1]。

当前的法律制度，或其中的不确定性，危及私人参与者在太空开展某些新活动的获利能力。因此，法律环境为私人创新营造了一种令人沮丧的气氛。因此，为了避免私人参与者的经济损失，必须更新现有法律制度，鼓励太空中的私人投资，允许这些新的参与者实现经济回报。

同样重要的是，要考虑到私人参与者（尤其是在美国）有大量的资金可用于投资研发。这就需要建立一个法律制度，为投资这些项目提供充分的激励。新的规定有必要减少对商业天使基金和风投公司向私营航天企业投资设置障碍。监管必须支持投资，而不是阻碍投资。新的法律制度应注意为私营企业创造盈利的可能性，解决目前法律制度模糊的问题，鼓励更多的私人投资，同时不妨碍他们平等地进入和利用外层空间。

商业航天公司需要机会在太空采取有效的行动。另一种选择是国际社会为私人投资者和参与者建立一个空间区域制度。建立一个空间区域将有助于建立一个框架，以帮助授权私人参与者在外层空间进行的活动，并将解决拨款问题，特别是关于矿物和小行星的拨款问题。建立一个空间区域将使私营企业能够不受国家约束，并需要国际社会协商一致。这

① Meyer, Zach. "Private Commercialization of Space in an International Regime: A proposal for a Space District". Northwestern Journal of International Law & Business, Vol. 30. Issue 1—Winter2010. http://scholarlycommons.law.northwestern.edu/cgi/viewcontent.cgi?article=1705&context=njilb.

一措施所带来的独立性，将使国家之间的关系变得更加融洽，同时也产生了建立一个独立于国家的新的管理框架的需要。然而，这一发展的消极后果将是出现航天国家和非航天国家之间的差异，增加热衷于支持私人计划的国家和较少参与新计划国家之间的差异，而《外空条约》的第二条试图避免这种差异[①]。

空间区域的结构应是一个超国家实体，以帮助制度和企业之间的融合。在财政方面，这一区域应以税收优惠为基础进行构建，从而吸引私营企业，同时也应成为新冒险者的国际航天孵化器[②]。

可采取的举措主要是基于以国际民用航空组织（International Civil Aviation Organisation，ICAO，简称民航组织）、国际电信联盟（International Telecommunications Union，ITU，简称国际电联）和联合国和平利用外层空间委员会（United Nations Committee on the Peaceful Uses of Outer Space，COPUOS，简称外空委）为支撑的国际软法。航天工业贸易协会和保险公司应支持这些举措。其他可采取的措施包括实施行业领先的规则和合同中设定的标准。各国应通过进一步制定国家航天政策和在国际层面制定倡议以推动这一事项。

① Freeland, Steven, and Ram Jakhu. Article II. In Hobe, Stephan, and Bernard Schmidt-Tedd,Kai-Uwe Schrogl (Editors), and Geraldine Meishan Goh (Assistant eds). Cologne Commentary on Space Law. Volume 1. Outer Space Treaty. Carl Heymanns Verlag. Köln, 2009.

② Meyer, Zach, in Ibid.

5.2 外空财产权和私人参与者的责任：《外空条约》第二条和第七条

影响私人航天参与者的两个主要问题是财产权和责任。如前所述，目前还没有全球公认的监管私人航天活动的法律框架。制定适当的法律制度应以《外空条约》为基础，因为它为商业活动参与者和机构参与者指引了方向。

《外空条约》第六条指出："各缔约国对其（不论是政府部门，还是非政府的团体组织）在外层空间（包括月球和其他天体）所从事的活动，要承担国际责任，并应确保本国活动符合本条约的规定。非政府团体在外层空间（包括月球和其他天体）的活动，应由有关的缔约国批准，并连续加以监督。当一个国际组织在外层空间（包括月球和其他天体）进行活动时，遵守本条约的责任应由该国际组织及参加该国际组织的本条约缔约国共同承担[①]。"

从上述条款可以看出，对私营部门的监管责任应在适当的国家，即对私人参与者有管理权的国家。新的运行框架，即空间区域制度，仍然是在国家层面，并强调对私人参与者使用外层空间不具有国际法约束力。许多国家的私人参与者提出了有关其未来运作中可能出现的问题，包括《外空条

① Art. III Treaty on Principles Governing the Activities of States in the Exploration and Use ofOuter Space, including the Moon and Other Celestial Bodies. Adopted by the General Assembly in its res. XXI of 19 December 1966. http://www.unoosa.org/pdf/publications/STSPACE11E.pdf.

约》第七条提到的责任问题。责任方面，国家责任是航天领域全球管理机制中的重要一环。根据《外空条约》第六条，各国对其本国国民从事的航天活动承担国际责任，包括履行条约中规定的义务。各国有义务审批和持续监督其管辖范围内的所有法人或自然人进行的所有航天活动。

国家对其政府和非政府团体的航天活动负责。相关国家应审批和监督非政府机构参与者的活动。尚未解决的问题是，如何确定非政府团体的责任国。从法律上讲，对一项活动具有管辖权的国家是唯一能够承担国际责任的国家。必须设立一个程序，以确保私人航天活动被国家监管且成为国家立法的组成部分[①]。

为了确保对私营企业的保护，一项建议是修改《外空条约》第二条的规定："各国不得通过主权要求、使用或占领等方法，以及其他任何措施，把外层空间（包括月球和其他天体）据为己有[②]。"

外层空间不得被任何国家或私人公司通过主权要求、使用或占领等方法据为己有。若允许被占有，投资者的活动将会更顺利。然而，第二条在规制探索和利用外层空间方面起着重要作用。修改本条款之后，国际空间法也将被修改，而

① Michael Gerahard. Article VI. In Hobe, Stephan, and Bernard Schmidt-Tedd, Kai-Uwe Schrogl (Editors), and Gerardine Meishan Goh (Assistant eds). Cologne Commentary on Space Law. Volume 1. Outer Space Treaty. Carl Heymanns Verlag. Köln, 2009.

② Art. II OST. http://www.unoosa.org/pdf/publications/STSPACE11E.pdf.

防止单方面利用外层空间的外层空间法基本支柱将被搁置。尽管如此，投资者仍希望相关活动能够明确。因此，有必要建立一个替代性的法律框架，就像卢森堡倡议所提出的，允许他们使用和提取材料，以获取利润。投资者应该要求采取不同的措施来维护自己的利益，这对美国和欧洲的投资者均有效[①]。

如《科隆空间法评论》所述："在《外空条约》的规定下，所有航天活动都仅划分为'国家的'（不论是政府部门，还是非政府的团体组织实施）或'国际的'（政府间组织实施）。《外空条约》第六条对'国家的'（国家或公共）或非政府的（私人）航天活动没有进行分类[②]。"这个决定的根源可以追溯到在《外空条约》的谈判阶段，美国表示私营企业也应被允许探索和利用外空，而苏联则反对任何私营企业参与航天活动，除非非政府实体获国家批准后方可参加。

为私人投资者建立一个真正的保护制度并鼓励非机构参与者参与航天活动的唯一方法，是为《外空条约》及《月球协定》所制定的基本原则提供保证。从长远来看，缔约国对《外空条约》规则做出的不同解释将会对商业活动的发展产生不利影响。因此有必要建立一种对其影响较小的跨国法律

① Babcock, Jonathan. "Encouraging private investment in space: does the current space law regime have to be changed? (Part 1)". The Space Review, Jan. 5th 2015. http://www.thespacereview.com/article/2669/1.

② Freeland, Steven, and Ram Jakhu. Article Ⅱ. In ibid.

和行政制度，以确保私营部门能够充分发挥其潜力[①]。

对知识产权的保护也必须采取同样的措施。目前各国的立法不足以得到投资者和公司的广泛认可。建立一个广泛的国际机制不仅要保证在国家层面承认专利，而且要解决在航天活动中至关重要的问题[②]。知识产权是以地域性为基础设立的，这意味着国家对知识产权进行了规定。寻找知识产权问题的解决方案是非常紧迫且极为必要的，特别是在航天工业发展非常迅速的情况下。

关于专利，重要的是"太空专利"的定义，以及在什么情况下应该进行注册。目前在国际层面上对私营企业及其专利保护的相关机制还没有明确的指导方针。私营企业的组织构架中应有一部分致力于专利保护。为了实现这一目标，有必要建立一套专门针对私人参与者的专利制度，以保障其活动的发展。

这一制度必须由在国际层面有影响力并将能够促进国际合作的国家机构发起和支持，这将确保有机会为私人参与者

① Babcock, Jonathan. "Encouraging private investment in space: does the current space law regime have to be changed? (Part 2)". The Space Review, Jan. 12th 2015. http://www.thespacereview.com/article/2675/1.

②《外空条约》第八条："凡登记把实体射入外层空间的缔约国对留置于外层空间或天体的该实体及其所载人员，应仍保持管辖及控制权。射入外层空间的实体（包括降落于或建造于天体的实体）及其组成部分的所有权，不因其出现于外层空间或天体上或返回地球而受影响。该实体或组成部分，若在其所登记的缔约国境外寻获，应送还该缔约国；该缔约国应根据要求在其归还前提供证明材料。"

建立一个国际公认的专利转让机制。香港大学中国法研究中心主任赵云教授表示，可以通过签订专利合作条约，在现有制度下建立一个特殊的航天专利保护制度。在国际论坛上签署一项特别条约将有助于促进航天活动的发展，并将对国家和私人参与者的知识产权保护需求做出回应[①]。

目前，航天领域也缺乏标准化合同和一般性条款，几乎没有可借鉴的案例研究。这些对于促进与其他领域（例如电信和数据）相关的航天商业活动尤其重要[②]。

最后，需要提到许可证政策的重要性。许可证政策是航天商业活动的基础。联合国和平利用外层空间委员会建议，航天活动必须得到相关国家主管部门的许可授权，该主管部门还负责吊销许可证。授权的条件必须尊重国际义务和承诺，特别是联合国外层空间条约规定的义务和承诺[③]。通常，国家要求在其领土内进行的航天活动或其在世界上任何地方的居民、公民、企业从事航天活动需持许可证或执照。政府对航天活动的监督对于保护公共安全、财产和环境，履行国际法规定的国家义务至关重要。对商业航天活动进行管理

---

① Zhao, Yun. In Ibid.

② Lothian, Jennifer. “The commercialisation of space”. The Journal Online, Jan. 16th 2017. http://www.journalonline.co.uk/Magazine/62-1/1022697.aspx.

③ United Nations Committee on the Peaceful Use of Outer Space (COPUOS), Draft report of the Chair of the Working Group on National Legislation Relevant to the Peaceful Exploration and Use of Outer Space. A/AC.105/C.2/2012/LEG/L.1. Legal Subcommittee. Fifty-First Session. United Nations, 19–30 March 2012. Vienna.

的大多数国家都要求每次发射物体或人员都需获得许可。为了商业航天的发展，监管体系和承担责任风险的成本不应过高，尤其是在商业活动的发展中。这样导致的结果是，低税收和宽松的监管体系最易于吸引商业航天参与者，但却影响了航天活动的安全性①。

航天活动需要足够的财政支持。大量的私人实体参与航天活动给《责任公约》带来了问题，因为在该公约中，私人参与者不被视为公约的主体。国家对本国空间物体或其组成部分对其他国家造成的损害负责，不论损害发生在哪里。鉴于运载火箭可能造成的损害，《外空条约》第七条规定："凡进行发射或促成把实体射入外层空间（包括月球和其他天体）的缔约国，及为发射实体提供领土或设备的缔约国，对该实体及其组成部分在地球、天空或外层空间（包括月球和其他天体）使另一缔约国、自然人或法人受到损害，应负国际上的责任。"

第七条涉及商业计划中作为基本要素的风险管理，这也是私人参与者最关心的事项之一。作为《责任公约》制定基础的《外空条约》第六条和第七条，已成为国际习惯法的一项基本规定。《责任公约》对在地球表面或飞行中的航空器造成的损害规定了基于过错的责任。根据《外空条约》第六条也可以提出赔偿责任。从某种意义上说，由于国家的错

① Dempsey, Paul Stephen. "National Laws Governing Commercial Space Activities: Legislation, Regulation & Enforcement". 36 Northwestern Journal of International Law & Business 1 (2016).http://scholarlycommons.law.northwestern.edu/njilb/vol36/iss1/1.

误行为，此类责任可以作为次要义务承担。由于发射国应对本国空间物体造成的损害负责，因此国家的航天立法很可能包括经济要求，例如保险和求偿权，作为进一步保障一个保护性运行框架的机制。《外空条约》第六条定义了私人航天活动的国际责任承担问题。如果国家对私人航天活动造成的损害承担赔偿责任，则意味着将动用公共资金支付赔偿金，从而免除了私人参与者的责任，这将违反公平正义原则。因此，各国可以坚持要求私人参与者购买最低限度的保险，以承担因其活动造成的任何损害赔偿责任。通过保险机制将损害赔偿责任部分转移给私人参与者，将有助于解决有关公平正义的问题。

在这个框架中，必须平衡保险公司、私人参与者及最终第三方的利益。私人参与者必须接受保险人的条件条款，而不损害其利益。目前，有关航天保险业的国家法规对于确定保险公司的积极地位至关重要，它将试图在利益相关者的利益冲突之间找到平衡。为了能长期解决航天责任相关问题，建议逐步建立航天责任基金，因为该基金可以在国家和国际层面运作。建立这种财务缓冲的措施将促进国际合作，并有助于切实改革空间治理，从而为责任承担问题提供新的视角[①]。

对于私营实体而言，重要的是要承担国际责任并将其作为私营企业依法生存的促进因素。

---

① Bhat B., Sandeepa. "Shouldering the Liability for Private Space Activities: Is Space Insurance the Best Available Option?". http://www.sharjah.ac.ae/en/Media/Conferences/CIASL/Documents/files/D2_S4A_3.pdf.

第 6 章　精选成功案例

以下成功案例都是从美国和欧洲涌现的众多私营企业中挑选出来的。

根据其创新的商业模式/计划，美国的成功案例有 SpaceX 公司和 Planet 公司［原名美国行星实验室公司（Planet Labs）］。这两个案例都有助于阐明美国在火箭发射和对地观测两大航天产业中对待私营航天企业的态度，并有助于揭示美国政府机构与私营企业的关系。欧洲成功案例选取的是 PLD 航天公司和 D-Orbit 公司。这两家年轻初创公司的主要目标是目前尚未被开发的轨道碎片清除和火箭发射市场。

从历史上看，美国和欧洲的航天企业对航天商业化采取了不同的做法。在过去的十年中，美国私营企业在航天商业化实施方面获得了政府的额外支持，从而催生出大量新项目、新公司，并发展出许多新型市场。随着 2003 年 2 月哥伦比亚号航天飞机的坠毁，国际空间站建成后将面对无航天飞机可用的局面，美国政府便转向私营企业，希望规划出一条以商业为基础的太空之路。2006 年，NASA 通过商业轨道运输服务（COTS）计划向私营企业开放，并且与私营企业建立了第一个相关的合作伙伴关系——“商业补给服务”

（CRS）。通过这种形式，NASA 改变了其作为航天产业开发者的角色。近年来，NASA 已将技术开发外包给过去曾为政府机构和商业公司开发过技术的公司。SpaceX 公司开发的重复使用运载器（RLV）彻底颠覆了传统的航天市场及其观念，其目的是降低航天发射成本①。

截至 2015 年，美国航天产业的风险投资以每年 253% 的速度递增。私人投资者对小型新兴公司提供的资助表明了他们对新航天商业模式的认可，并为支持商业化航天市场的发展提供了额外的保障②。

从欧洲的两个案例研究中可以看出，欧洲私人航天市场的增长步伐比美国要缓慢。然而，2016 年 10 月下旬，欧盟委员会在其《航天战略》中公布的最新措施再次表明，欧洲高层愿意投资私营企业，以增强其在欧洲航天产业中的竞争力。

6.1　SpaceX 公司

6.1.1　SpaceX 公司的发展

SpaceX 公司的正式名称为太空探索技术公司，由贝宝

---

① B. Tita, “Commercial Space Exploration—A Next Frontier for Manufacturers?” ITAC, July 6th 2016. http://itac.nyc/commercial-space-exploration-next-frontier-manufacturers/.

② Q. Mohammad, “Opportunities and challenges in commercializing space privately”, TechCrunch, Sept. 9th 2016. https://techcrunch.com/2016/09/09/opportunities-and-challenges-in-commercializingspace-privately/.

（PayPal）创始人、特斯拉汽车公司（Tesla Motors）首席执行官、SolarCity联合创始人兼首席执行官、OpenAI联合主席、Zip2联合创始人埃隆·马斯克（Elon Musk）于2002年创立。埃隆·马斯克怀着雄心壮志，本着对社会进行重大改革、缓解人类根本问题的基本原则创立了这些公司。埃隆·马斯克希望SpaceX公司的创立能使人类在2070年之前殖民火星，使人类可以移居其他行星，以降低人类灭绝的风险[①]。

2001年，SpaceX公司开始酝酿。当时埃隆·马斯克与另一位美国企业家阿德奥·莱西（Adeo Ressi）进行了一场非正式会谈。运载火箭的可重用性并不是最初计划的核心部分，该计划的重点是火星——埃隆·马斯克的梦想。根据埃隆·马斯克的说法，NASA对火星探测任务的重视程度不够。为此，马斯克和莱西成立了一家名为“火星生命”（Life to Mars）的公司。随后，马斯克与航天企业成长投资专家吉姆·坎特雷尔（Jim Cantrell）取得了联系。坎特雷尔向马斯克提议采用阿里安火箭完成此项任务，但这对一家初创企业来说价格太过昂贵。这次尝试失败后坎特雷尔将目标转向俄罗斯，但马斯克最终决定自己研制运载火箭，并认为这将是最好的选择。从那一刻起，埃隆·马斯克的愿景就发生了改变：在到达火星之前，他需要先研制可盈利的可重复使用运

① I. Klotz, “Billionaire Elon Musk outlines plans for humans to colonize Mars”, Reuters, 28th September 2016. http://www.reuters.com/article/us-space-musk-idUSKCN11X2DV.

载火箭。随后，他终止了与坎特雷尔和莱西的业务往来。

2002 年 6 月，太空探索技术公司（SpaceX）正式成立，它将彻底改变人们进入空间的方式，并最终将人类送到其他星球上定居。该公司位于美国加利福尼亚州的霍桑市[①]。

SpaceX 公司研发的第一个运载火箭是猎鹰 1 号[②]。美国国防高级研究计划局（DARPA）希望为小型有效载荷开发一种低成本、高可靠的运载器，并向 SpaceX 承诺签订 2 次猎鹰 1 号发射合同。埃隆 · 马斯克在猎鹰 1 号上投入了大量资金，但并未真正实现自己的目标。第一次发射失败后，第二次发射也未能到达预定轨道，随后的几次发射也以失败告终。但 2009 年，SpaceX 终于完成了一次真正意义上的成功发射：猎鹰 1 号运载火箭将马来西亚的 RazakSAT 成像卫星成功送入预定轨道[③]。最初的这些尝试并没有显示出马斯克公司的技术能力，但引起了美国政府机构的注意：例如，DARPA 与 SpaceX 签订了一份价值 1 亿美元的不定期交付 / 不确定数量（IDIQ）合同，它将为美国空军 / 航天与

① Musk initially committed $100 million of his personal wealth to launch the Company on the market. http://www.spacex.com/about.

② Falcon 9 is a two-stage rocket powered by a liquid oxygen/kerosene engine. It has only one stage of separation, one engine per stage, each equipped with only a single fuel injector. It is a small rocket, designed for the launch of small satellites. It has once lifted 635 kg (1400 lbs).

③ P. D. Spudis, “The Tale of FALCON 1. The development of SpaceX’s Falcon 1 is a story of promise -and partial fulfilment”, Air & Space, July 22nd 2012, http://www.airspacemag.com/daily-planet/the-tale-of-falcon-1-5193845/.

导弹系统中心提供快速响应小型航天器发射（RSS）服务。该合同将通过商业火箭定期提供低成本的轨道发射，以满足任务 / 有效载荷的具体需求[①②]。这并不是美国政府机构与 SpaceX 公司签署的第一份公开合同，NASA 在 2006 年第一轮 COTS 计划框架中共向 SpaceX 提供了 2.78 亿美元的资助[③]。

埃隆 · 马斯克于 2005 年秋天宣布开始建造猎鹰 9 号火箭，这是一种用于发射卫星和“龙”飞船的二级运载火箭，该计划取代了 2003 年宣布的猎鹰 5 号计划。因此，最初打算在火箭顶部搭载一个“龙”返回舱，但随后返回舱的建造速度开始减缓。事实上，在猎鹰 9 号火箭与波音公司的德尔它 -4 运载火箭和洛克希德公司的宇宙神 -5 运载火箭展开竞争的时候，马斯克还需确保获得 NASA 的其他一些合同。德尔它 -4 运载火箭和宇宙神 -5 运载火箭都是一次性使用的重型运载火箭，美国政府是该市场的主要客户。2008 年，SpaceX 公司与 NASA 签订了另一项价值 16 亿美元的合同，

① “SpaceX Awarded $100 Million Contract From USAF For Falcon 1”, Space Daily, May 4th 2005. http://www.spacedaily.com/news/launchers-05zp.html.

② “SpaceX wins NASA COTS contract To demonstrate cargo delivery to Space Station”, SpaceX Press Inquiries, Aug. 18th 2006. http://www.spacex.com/press/2012/12/19/spacex-wins-nasa-cotscontract-demonstrate-cargo-delivery-space-station.

③ In the first round it has been also awarded with COTS, Rocketplane Kistler ($206 million). “Commercial Orbital Transportation Services. A New Era in Spaceflight”, NASA, Feb. 2014. https://www.nasa.gov/sites/default/files/files/SP-2014-617.pdf.

即为国际空间站提供 12 次货运服务的“商业补给服务”[①]。“商业补给服务”、DARPA 的猎鹰 1 号火箭任务和 NASA COTS 任务的猎鹰 9 号火箭是 SpaceX 公司的主要成就。这为 NASA 运载服务（NLS）敞开了大门，并使 SpaceX 成为第一个访问国际空间站的商业供应商，两年后轨道 ATK 公司也访问了国际空间站[②]。这是 SpaceX 公司的一个重要里程碑，从那时开始，SpaceX 成功为 NASA 完成了多次往返国际空间站的货运任务。

按照计划，猎鹰 9 号运载火箭最终会将“龙”返回舱送入国际空间站。“龙”返回舱具有非常重要的意义，它代表了自阿波罗时代以来美国的第一种新型返回舱。返回舱加压部分的设计用来搭载航天员和货物。几年来，SpaceX 公司一直在不断完善返回舱的载人飞行能力[③④]。

---

① “Review of NASA’s acquisition of commercial launch services”, NASA Office of Inspector General, Feb. 17th 2011. https://oig.nasa.gov/audits/reports/FY11/IG-11-012.pdf.

② Orbital ATK and NASA developed a new space transportation system to provide commercial cargo resupply mission to the ISS. Under the COTS, the Company developed Antares (medium class launch vehicle) and the Cygnus (advanced manoeuvring spacecraft). The first successful mission was accomplished in September 2013. The following year Orbital ATK was awarded with a CRS contract providing for cargo transportation to the ISS. https://www.orbitalatk.com/spacesystems/human-space-advanced-systems/commercial-resupply-services/.

③ A. Young, “The Twenty-First Century Commercial Space Imperative”, Springer, June 1st 2015.

④ A. Young, “The Twenty-First Century Commercial Space Imperative”, Springer, June 1st 2015.

有趣的是，NASA 在“商业乘员开发”计划的第一阶段并没有选择 SpaceX。但 NASA 却在“商业补给服务”的早期阶段要求 SpaceX 公司进行 3 次“龙”飞船发射任务，后来减少到 2 次。第一艘“龙”飞船于 2010 年 12 月成功发射升空。同年，美国联邦航空管理局（FAA）为“龙”返回舱颁发了首个商业返回舱再入大气层许可。随后，NASA 批准将 COTS 2 和 COTS 3 任务合并为一次由猎鹰 9 号火箭发射“龙”返回舱的任务，第二艘“龙”飞船于 2012 年 5 月成功发射。这两次成功飞行验证之后，NASA 宣布 SpaceX 公司可以开始向国际空间站提供运行补给服务。2012 年 10 月，“龙”返回舱完成了第一次“商业补给服务”合同任务，随后在 2013 年进行了第二次发射，在 2014 年进行了第三次发射。

如前所述，“龙”返回舱可以搭乘航天员在其上执行 30 天的任务，而“龙”返回舱与猎鹰 9 号火箭的载人飞行任务的开发费用估计在 8 亿 ~10 亿美元之间。SpaceX 公司在“商业乘员开发”计划的第二阶段获得了 7 500 万美元的合同用于开发载人系统。第二阶段包括猎鹰 9 号火箭和“龙”返回舱载人设计和发射中止系统设计的改进。2011 年 NASA 批准了这一系统，并允许 SpaceX 进行首次航天员搭乘测试。2011 年成功开展了第一次试射。此后，NASA 和 SpaceX 公司继续开展合作，并另外向 SpaceX 提供了 4.4 亿美元的资助，用于在“商业载人综合能力”下进行返回舱的测试。SpaceX 对返回舱进行了一系列的改进设计，使其可以搭载机组人员，其中最重要的一项是与安全有关的改进：通过点燃返回舱的内置发动机，可以将返回舱安全送往海洋，从而验证了发射架紧急逃逸系统的性能。此外，SpaceX 公司还引入了用于软着陆的推进着陆系统；对生命保障系统进行了改进；并在驾驶舱配备了现代化的人机交互界面[①]。

猎鹰 9 号火箭和“龙”返回舱的费用由 SpaceX 和 NASA 的专项计划共同承担：政府拨款 3.96 亿美元，SpaceX 方面则声称自筹资金 4.5 亿美元[②]。

2015 年，SpaceX 的任务清单包含总价值超过 70 亿美元的 60 多个合同。这意味着该公司在信誉方面已领先于其主要的国际竞争对手。但这些已完成的发射任务、签订的合同以及正在持续发展的运载火箭的设计和制造并不是 SpaceX 的全部活动，该公司仍在追求着下一次的超越。

SpaceX 在 2016 年 9 月 1 日经历了一次重大事故，当时猎鹰 9 号运载火箭正在美国卡纳维拉尔角的发射台上进行测试，计划于 2016 年 9 月 3 日搭载由（以色列）空间通信公司（Spacecom）运营的以色列阿莫斯 -6（Amos-6）通信卫星发射升空。在测试中火箭发生爆炸，炸毁了火箭上面级，并摧毁了发射台和其搭载的有效载荷。这是 SpaceX 的一次重大发射失利，随后迅速展开了调查以找出问题的根本

① “NASA selects SpaceX to return Americans to space”, SpaceX Press Inquiries, Aug. 3rd 2012. http://www.spacex.com/press/2012/12/19/nasa-selects-spacex-return-americans-space.

② “Commercial Orbital Transportation Services: A New Era in Spaceflight”, NASA, Feb. 2014. https://www.nasa.gov/sites/default/files/files/SP-2014-617.pdf.

原因。

这次失利是SpaceX公司在一年内发生的第二起重大事故，导致公司信誉度下降。此外，这一事件也给（以色列）空间通信公司带来了不良影响，其在特拉维夫证券交易所的股价立即下跌了9%。尽管如此，包括卫星运营商SES、回声星公司（EchoStar）和KT有限公司在内的多家公司和组织仍打算在2016年年底之前使用猎鹰9号运载火箭发射自己的卫星。

这次失利也影响了SpaceX的商业载人计划，因为该公司计划于2017年5月进行载人“龙”飞船的试飞，并在两个月后搭载两名NASA航天员进行试飞。现在有许多人对SpaceX公司前往国际空间站的载人运输时间表提出了质疑。商业载人计划是SpaceX即将进行的验证计划之一，目前是否能够在2018年之前将NASA航天员送入国际空间站仍面临着许多技术挑战。尽管如此，NASA和美国空军仍在继续支持SpaceX公司的载人计划。

埃隆·马斯克殖民火星的梦想是他所有计划中最为雄心勃勃的计划。正如美国前总统贝拉克·奥巴马在2016年10月任期结束时宣布的那样，美国将在2030年前将第一个人类送往火星。他还强调说，NASA正在依靠私营企业的力量来实现这一目标。埃隆·马斯克的计划已经步入正轨。他在2016年9月于瓜达拉哈拉举行的国际宇航会议上介绍了SpaceX火星任务的具体实施细节，其中包括埃隆·马斯克确定的在2018年年底至2020年之间的第一个火星发射窗口。他预计2070年人类将殖民火星。

6.1.2　SpaceX 公司的可重复使用运载器

SpaceX 的策略是通过引入可重复使用运载器（RLV）将进入空间的成本降低 60%~90%，即建造成本更低、易于重复使用的更轻的运载工具。该公司旨在实施低成本策略，确保小型有效载荷能够可靠地进入近地轨道，并发展更具竞争力的美国私营航天企业[①]。RLV 的目的是确保降低发射成本，并使 SpaceX 进入这一传统的由政府主导的领域。

猎鹰 1 号火箭和猎鹰 9 号火箭的开发以及“龙”飞船的研制是商业航天产业成功的重要里程碑，但真正震撼航天产业的是猎鹰 9 号火箭第一级的成功再利用。尽管很大一部分航天界人士将这一成就视为航天发射革命的第一步，但公共部门的人士认为 SpaceX 取得的成就只是一项技术成就，还无法改变游戏规则[②]。

2015 年，猎鹰 9 号火箭第一级的 3 次成功发射并没有得到欧洲方面很多的积极评价。例如，法国航天研究中心（CNES）总裁让·伊夫·勒加尔（Jean-Yves Le Gall）在 2015 年 12 月 21 日对猎鹰 9 号的成功发射发表了评论，称可重复使用运载火箭的成本和技术表明其尚未改变游戏规

① L. D. Solomon, “The privatization of space exploration. Business, technology, law and policy”, Transaction Publishers, New Brunswick, New Jersey, 2008.

② T. Quemener, “SpaceX landing is a “Feat”, but not a game-changer”, SpaceDaily, Dec. 22 2015. http://www.spacedaily.com/reports/SpaceX_landing_is_a_feat_but_not_a_game-changer_expert_999.html.

则[①]。当时，猎鹰9号运载火箭刚刚被回收，但尚未被重复使用。采访几个月后，勒加尔本人将SpaceX描述为“一次惊人的觉醒”。

如果从技术角度看，这似乎不是一个巨大的变化，但从经济角度来看，可重复使用运载火箭和埃隆·马斯克的理念很可能会改变游戏规则。当今，推动私人投资的主要动力就是降低航天发射成本，使其更经济可行[②]。

6.1.3 投资前景

埃隆·马斯克作为PayPal的联合创始人成功实现了在线资金交易后，于2001年成立了SpaceX公司。SpaceX公司是埃隆·马斯克投资的几家尖端技术公司之一，它的崛起使那些渴望在航天产业取得成功的年轻企业家们看到了希望。SpaceX最有别于其他公司的是它的商业计划和定价策略，其低成本的火箭发射策略可能会对火箭发射行业带来颠覆性的影响。埃隆·马斯克以低成本实现近地轨道发射的战

---

① It should be noticed that the French Agency, CNES, and ONERA signed a letter of intent, as part of a framework agreement, regarding a study on RLV that will cover the analysis of the launch system during the first stage recovery phase and many aerothermodynamics simulations. “Reusable Launchers—CNES and ONERA working together”, CNES PRESS, Oct. 2 2015 https://presse.cnes.fr/en/reusable-launchers-cnes-and-onera-working-together.

② H. Fouquet, “Musk’s SpaceX, Once Pooh-Poohed, Is Wake-Up Call for Europeans”, Bloomberg, June 6th 2016, http://www.bloomberg.com/news/articles/2016-06-10/musk-s-spacexonce-pooh-poohed-is-wake-up-call-for-europeans.

略已促进 SpaceX 与公共部门和商业投资者达成合作。2006 年 NASA 制定的 COTS 计划使 SpaceX 的目标取得了突破性进展，这也促使私人投资者增加了资金投入力度。

卫星发射带来的潜在商业价值正是促使马斯克个人投资 1 亿美元、为一家高风险初创企业提供种子基金的原因。十多年过去了，尽管在发射可重复使用运载火箭时遇到了失利，但 SpaceX 的投资者对该公司和埃隆·马斯克的信心并没有动摇。

航天是一个非常困难的投资领域，特别是在美国的主要竞争对手（如洛克希德·马丁公司和波音公司）以及来自俄罗斯、乌克兰和法国的其他竞争对手的收入利润率一直处于较低水平的情况下[①]。SpaceX 公司成立之初，美国的运载火箭市场完全依赖于政府的发射合同。直到 2008 年，SpaceX 才从风险投资创始人基金的第一轮投资中获得了 2 000 万美元[②]的外部 A 轮融资[③]。从 2008 年开始，随着 SpaceX 与政府机构

① L. Wayne, “A Bold Plan to Go Where Men Have Gone Before”, The New York Times, Feb 5th 2006. http://www.nytimes.com/2006/02/05/business/yourmoney/a-bold-plan-to-go-where-menhave-gone-before.html.

② A. Ha, “Private rocket company SpaceX gets $20 M from The Founders Fund”, Venture Beat, August 6th 2008. http://venturebeat.com/2008/08/06/private-rocket-company-spacex-gets-20mfrom-the-founders-fund/.

③ The funds coming from VCs are divided into rounds or stages, and these are typically equity. The rounds vary because of the size. Series A investment rounds range from $2 to $10 million; Series B less than $10 million; Series C higher than ten of million dollars and so on. Tauri Group, “Start-Up Space. Rising Investment in Commercial Space Ventures”, January 2016, https://space.taurigroup.com/reports/Start_Up_Space.pdf.

和私人客户签订的合同数量的增加，投资金额也在不断增长。

如今，SpaceX 获得的总投资金额约为 11.5 亿美元，但收入仍未披露（图 6-1）。

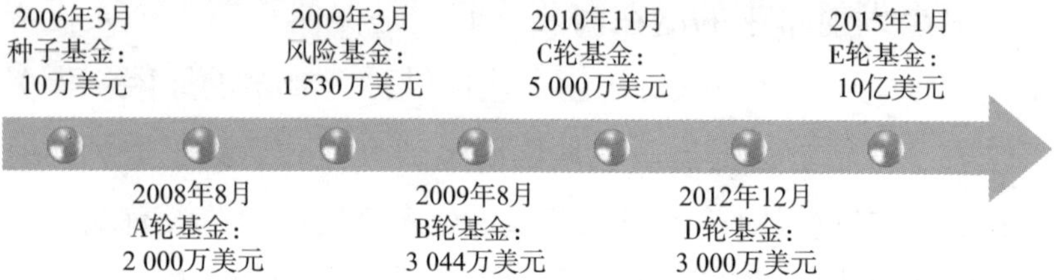

图 6-1　SpaceX 从 2006 年至 2015 年的多轮融资情况
（图片来源：ESPI 分析、Crunchbase）

资金来源如图 6-2 所示。

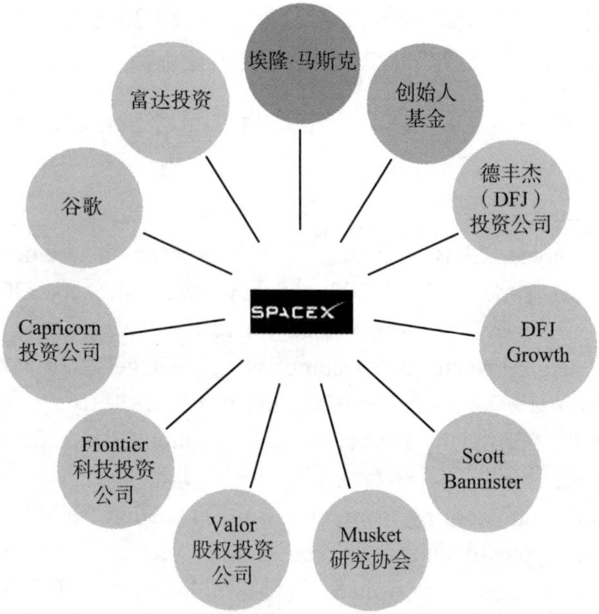

图 6-2　SpaceX 公司投资者
（图片来源：ESPI 分析、Crunchbase）

如果我们分析 SpaceX 公司投资人所感兴趣的领域，可以注意到，他们都是对技术感兴趣的风险投资家，并且是埃隆·马斯克其他公司的出资人。尽管 SpaceX 公司失败过，但它依然有能力吸引资金，因为 SpaceX 在航天市场的雄心以及影响力至少可以保证每项活动都会有所收益。SpaceX 备受投资界的追捧得益于其成立之初所处的繁荣时期：在 2002 年，将人类送往火星是一个全新的领域，这给了美国独立探索太空的新途径。这一设想足以维持私人投资者的兴趣，并为新的盈利业务打开了大门[①]。

最近，SpaceX 在谷歌和 Fidelity 的一轮融资中筹集了约 10 亿美元的资金，同时这两家公司获得了该公司 10% 的股权；2015 年 1 月，谷歌为了在全球范围内进一步普及互联网的使用，开始考虑加大对 SpaceX 的投资[②]。值得一提的是，谷歌在本轮投资中获得了 SpaceX 公司 7.5% 的股权，而 Fidelity 在这一轮投资中获得了 2.5% 的股权[③]。这一轮融资使 SpaceX 得到了建造卫星星座的成本，该卫星星座的最终目

① R. Smiths, "How Does SpaceX Make Money?" The Motley Fool, June 25th 2016. http://www.fool.com/investing/2016/06/25/how-does-spacex-make-money.aspx.

② D. Etherington, "SpaceX Raises $1 Billion In New Funding From Google And Fidelity", TechCrunch, Jan. 20th 2015. https://techcrunch.com/2015/01/20/spacex-raises-1-billion-in-newfunding-from-google-and-fidelity/.

③ R. Smith, "SpaceX + Google = Satellite Internet", The Motley Fool, Feb. 7th 2015. http://www.fool.com/investing/general/2015/02/07/spacex-google-satellite-internet.aspx.

标是促进发展中地区的互联互通。这个项目剩余的成本缺口估计为100亿美元，将由SpaceX公司收入和埃隆·马斯克个人资金提供[①]。

然而，由于SpaceX是私营企业并且尚未在证券交易所上市，因此其资产负债表也没有公开，由此很难评估SpaceX的业务是否真正盈利。只有埃隆·马斯克签署的商业卫星发射合同显示出流向SpaceX的资金情况。

6.2 美国行星公司（Planet）

将美国行星公司（以前称为美国行星实验室公司）称为一家大型航天企业可能有点夸大其词。2010年，行星公司在旧金山湾区创建，虽然公司的创始人是三位NASA前科学家Chris Boshuizen、Will Marshall和Robbie Schingler，但它拥有硅谷公司的所有典型特征。对对地观测图像的商业需求促使三人离开NASA成立了一家私人企业。与许多技术型企业家一样，Boshuizen、Marshall和Schingler的事业也是在车库里起步的。他们研发的首个“鸽群”卫星样机——3U对地观测立方体卫星，成功地吸引了美国重要的太空爱好者兼投资家之一——德丰杰（DFJ）投资公司的史蒂夫·尤弗

① Musk did not reveal the revenues of SpaceX, and it is hard to make an estimation of a lump sum. https://www.sec.gov/Archives/edgar/data/1181412/000118141209000003/xslFormDX01/primary_doc.xml.

森（Steve Juvertson）的注意[①]。史蒂夫·尤弗森对小卫星的兴趣以及“鸽群”星座的潜力促使这三位前科学家又研制了一个新的卫星样机来进行融资。其他的事情就众所周知了。

美国行星公司每天对全球进行成像，把功能强大的地球成像卫星收集的数据汇总起来，用以分析地球正在发生的变化。众多的“鸽群”立方体卫星共同组成一个卫星星座，以 3~5m 的光学分辨率提供完整的地球图像，并提供开放的数据访问。行星公司秉持的理念是太空人人可用且人人用得起。这就是行星公司为政府机构和私人客户提供低成本信息服务的原因，这些信息服务可以用于气候监测、作物产量预测以及城市规划和灾难响应等。行星公司的目标就是获取不断变化的地球信息和图像，并使这些信息和图像为普通大众所用[②]。

这三位 NASA 前科学家的精神体现了典型的硅谷创业文化思想。Boshuizen 从一开始就意识到航天是一个风险很高的行业，但这并没有阻止他们追求理想，这就是硅谷典型的冒险精神。行星公司失败的可能性很高，但他们却在短时间内募集到了大量资金，这表明投资者对行星公司的信任度一直很高。与其说行星公司是一家大型航天企业，不如说它是一家硅谷创业公司。

---

① Draper Fisher Juvertson (DFJ) is one of the big venture capitalists in the U.S., who invests in technology. The VC was the first one to finance both Planet Labs and SpaceX. https://dfj.com/portfolio/index.php.

② https://www.planet.com/.

作为潜在的“独角兽”公司，从2013年起[①]，行星公司进行了五轮融资，共募集了1.831亿美元[②]。这几轮融资情况如图6-3所示。

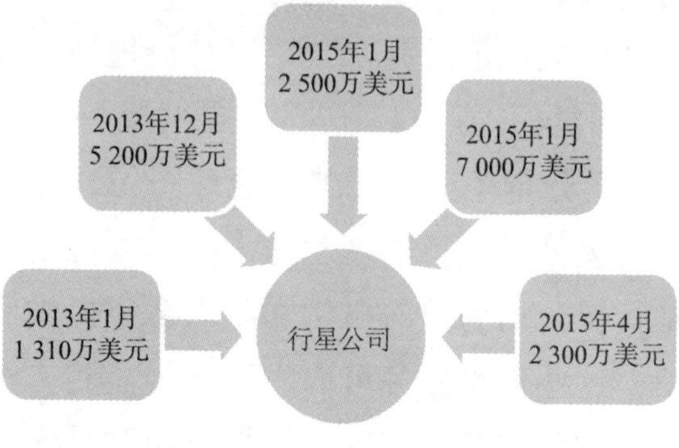

图6-3 行星公司在2013年至2015年的融资情况
（图片来源：ESPI分析、Crunchbase、行星公司）

行星公司是目前资金最雄厚的航天初创企业之一。2013年的A轮融资使行星公司得以继续实施“鸽群”卫星计划。此前，公司在同年4月已成功发射了首批两颗测试卫星。首轮融资1 310万美元，来自DFJ投资公司、Capricon投资公司、Oreilly Alpha科技公司（OATV）、创始人基金、Innovation Endeavors、Data Collective和First

① 原著为2010年，疑有误。——译者注

② 50 Companies That May Be the Next Start-Up Unicorns, New York Times, Aug. 23rd 2015. http://bits.blogs.nytimes.com/2015/08/23/here-are-the-companies-that-may-be-the-next-50-startup-unicorns/. See also, 50 Future Unicorns predicted by CB Insights Company Mosaic, CBInsights, Aug. 23rd 2015. https://www.cbinsights.com/research-future-unicorn-companies.

RoundCapital[①]。2013 年 12 月，行星公司又完成了一轮融资，总共募集到 5 200 万美元[②]。

2013 年，许多高科技风险投资公司纷纷向行星公司投资。但随后的两年，行星公司发生了两次事故并损失了部分“鸽群”卫星。特别是 2014 年，由于轨道 ATK 公司的安塔瑞斯（Antares）运载火箭发生爆炸，鸽群 -1d 卫星星座损失了 26 颗卫星[③]。

这次事故使行星公司遭受了巨大的损失，但也促使它将卫星部署从单次发射转变为多次发射，以此来分散风险[④]。2015 年，因 SpaceX 的猎鹰 9 号运载火箭爆炸，行星公司又损失了 9 颗“鸽群”卫星。但这次失利并未影响行星公司的业务，也没有影响到其未来的卫星发射。该公司完美地体现了硅谷的一贯做法，即行动之初就考虑风险应对策略。行星公司所采用的风险应对策略保证了投资者对它的

① Rao, Leena. “Planet Labs Raises $13 M From DFJ, OATV, Founders Fund To Build The World’s Largest Fleet Of Earth-Imaging Satellites”. TechCrunch, June 25 2013. https://techcrunch.com/2013/06/25/planet-labs-raises-13m-from-oatv-founders-fund-to-build-the-worldslargest-fleet-of-earth-imaging-satellites/.

② 原著为 6 500 万美元，与图 6-3 不一致，疑有误。——译者注

③ Marshall, Will. “Space is hard: Antares rocket failure”, Planet Blog, Oct. 28th 2014. https://www.planet.com/pulse/space-is-hard/.

④ Lawler, Ryan. “Planet Labs Nabs $95 Million And A New COO To Cover The Earth With Flocks Of Tiny Satellites”. TechCrunch, Jan. 23rd 2015, https://techcrunch.com/2015/01/20/planet-labs-95m/.

投资和信任不减反增，并开启了新一轮投资[①]。实际上，在2015年1月，除了西部技术投资公司（Western Technology Investment）的2 500万美元的债务融资外，行星公司还筹集了7 000万美元的资金。行星公司在发射了73颗新卫星后开展了C轮融资。2015年1月的融资总额为9 600万美元[②]，4月由国际金融公司（IFC）牵头进行最后一轮融资，共筹集约2 300万美元[③]。2015年对于行星公司来说是关键的一年，2015年7月行星公司收购了黑桥（BlackBridge）公司和它的快眼（RapidEye）卫星星座，这帮助行星公司巩固了其在对地观测市场中的地位，并使其在加拿大、荷兰和德国开设了办事处。行星公司通过收购获得了黑桥公司的图像档案，进一步向竞争激烈的全球市场迈进。

如上所述，与其他对地观测商业公司不同，行星公司采取的“敏捷航天”策略使初创企业能够快速地从卫星发射失利中恢复过来，并在下一次发射前及时制造所需替换的立方体卫星。自主研制“鸽群”卫星的能力为行星公司提供了保

① Cfr. Werner, Debra, “Why Planet Labs Can Shrug Off Launch Failures”, SpaceNews, Nov. 17th 2015. http://spacenews.com/why-planet-labs-can-shrug-off-launch-failures/.

② 原著数据有误差，此处与前两句的2015年1月的数据之和不等。——译者注

③ Buhr, Sarah. “Planet Labs Rockets To $118 Million In Series C Funding To Cover The Earth In Tiny Satellites”, TechCrunch, April 13th 2015. https://techcrunch.com/2015/04/13/planetlabs-rockets-to-118-million-in-series-c-funding-to-cover-the-earth-in-tiny-satellites/. See also: Marshall, Will. “Planet Closes Larger-Than-Expected Series C Round”, Planet Blog, April 13th 2015. https://www.planet.com/pulse/ifc/.

障，帮助它签订了大量合同，并应用于不同领域[①]。

美国行星公司将自己定位于航天复兴、全球遥感革命和数据分析革命的先行者。涌入的大量投资就是一个明显的例子。同其他进入商业航天市场的新参与者不同，行星公司具有自身的竞争优势，例如低成本制造和发射小卫星，这些小卫星的观测范围能够覆盖全球并监测地球的变化。

行星公司建立了一种新的具有成本效益的航天发射模式。它通过新业务和新产品线，特别是将整体信息与外部数据相结合的方式满足终端用户的需求，并通过汇总数据和提供分析工具构建新的解决方案来实现商业化目标。行星公司能够在市场上准确找到自己的定位，并遵循财务可持续发展的规则，即降低对地观测卫星的成本来增加客户数量，从而使建立数据档案成为可能[②]。

目前，行星公司正在努力改进地球成像方法，并致力于可持续发展。行星公司在社会公益方面也很活跃，特别是在联合国可持续发展目标（SDGs）框架下，行星公司在通过环境保护来改善地球生物生存环境方面具有显著优势。"鸽群"星座收集的图像可以帮助实现 SDGs 15~17 个目标。

---

① Foust, Jeff. "Planet Labs Buying BlackBridge and its RapidEye Constellation", SpaceNews, July 15th 2015. http://spacenews.com/planet-labs-buying-blackbridge-and-its-rapideye-constellation/#sthash.GfHzZN8c.dpuf.

② Presentation. Schingler, Robbie. "Planet Labs and Disruptive Business Models", GeoSpatial World Forum, Rotterdam, June 8th 2016. http://geospatialworldforum.org/speaker/SpeakersImages/Planet-Labs-earth-imaging-satellites-and-geospatial-business-models.pdf.

例如，减少森林砍伐和退化产生的排放（REDD +）[①]计划有助于实现 SDGs 的第 15 个目标——评估森林砍伐造成的变化。SDGs 的许多其他目标也与行星公司的工作有关，行星公司一直保持着与联合国的合作，尤其在联合国秘书长的“全球脉动”计划中参与了更多的工作[②]。

行星公司于 2015 年 4 月结束最后一轮融资，共募集到约 1.831 亿美元[③]，其中世界银行集团成员国际金融公司（IFC）投资 2 300 万美元，以保证发展中国家的公司和机构能够通过卫星图像获取更多信息，从而实现可持续发展[④]。投资行星公司基于两点考虑：一是行星公司将对新兴的卫星市场产生的影响力，二是使用小卫星收集数据不仅有助于许多国家实现可持续发展，而且还为这些国家实施快速危机响应提供了保证，在这方面行星公司处于世界领先地位。这使行星公司在社会影响和商业市场需求方面产生了双重效应。IFC 参与的这一轮融资对行星公司而言至关重要，因为行星

---

① The REDD + initiative has different objectives among which the identification of the forest disturbance in a detailed way; detect the drivers of deforestation and forest degradation; improve the measuring and the report of the activities through a cost-effective solutions with a country coverage. Cfr. https://www.planet.com/markets/redd/.

② Marshall, Will. “A commitment to Sustainability”. Planet Blog, Sept. 28th 2015. https://www.planet.com/pulse/globalgoals/.

③ 原著的数据为 1.18 亿美元，疑有误。——译者注

④ IFC invests in Planet Labs to improve access to emerging market satellite imagery, IFC Press Release. April 13th 2015. http://ifcextapps.ifc.org/ifcext%5Cpressroom%5Cifcpressroom.nsf%5C0%5C74AF6601CDB3D8B485257E260063B42D.

公司借此建立起了与新兴市场的联系，业务进一步全球化，并有机会创建一个可以提供大规模服务的平台①。

与政府机构的合作是行星公司的一项新成就。行星公司在成立之初的目的是使卫星图像用于商业用途，而政府机构对此并不感兴趣。一年后情况发生了变化，美国政府和国际机构成为行星公司的客户。特别是美国政府对待商业航天的态度与过去有所不同。航天复兴也将对航天工业产生积极的影响。美国政府采取的措施是顺应航天产业快速发展（例如新航天的崛起）的态势，接受在商业卫星通信服务和对地观测产业中采用市场化的运作方式，并将自身定位为与私营企业共享专业知识的二级客户。随着美国政府观念的转变，行星公司现在已经可以与美国政府签订合同②。

6.3 PLD 航天公司

欧洲的创业环境有助于新的参与者改变航天领域目前的运营模式。在西班牙，两家年轻的公司（PLD 航天公司和 Zero2Infinity 公司）正以创新的理念引领欧洲进入新航天

① Cheney, Catharine. "Why the World Bank's venture capital arm is investing in Silicon Valley". Devex, May 26th 2016. https://www.devex.com/news/why-the-world-bank-s-venture-capital-armis-investing-in-silicon-valley-88177.

② Schingler, Robbie and Richard B. Leshner. "The Space renaissance: the government as an early adopter". Space News, March 1st 2016. http://spacenews.com/op-ed-the-space-renaissance-the-government-as-an-early-adopter/.

市场[①]。

PLD 航天公司由劳尔 · 托雷斯和劳尔 · 威尔德于 2011 年创立。两人于 2010 年开始合作为欧洲空间局的 CanSat 计划[②]开发猛禽 -1 小型运载火箭。何塞 · 恩里克 · 马丁内斯随后加入，3 人于 2011 年 6 月合作制定了一项小型企业规划。三个月后，PLD 航天公司正式成立，目前它已跻身南欧 100 家最佳初创企业之列[③]。

PLD 航天公司的目标是为小型有效载荷市场提供商业化、科学的航天发射途径，通过可重复使用运载火箭从西班牙为小型有效载荷和纳卫星提供独立的亚轨道和轨道发射。

---

① It is noteworthy to mention Zero2Infinity, founded in 2009 by Jose Lopez Urdiales and based in Barcelona, as it aims to develop a stratospheric balloon-based system for human space travel and scientific research. In 2009 Zero2Infinity, raised $8 million from investors who believed that revolutionising access to space could be possible and could make space affordable for everyone;See also: "Spain may captain European New Space Endeavour", Medium, Aug 1st 2014. https://medium.com/@Space_Digest_en/spain-may-captain-european-newspace-endeavour-e6a7748ac4a0#.mv5pz4wjg.

② CanSat is a simulation of a real satellite integrated within a minimal volume, that of a can. This small satellite is successively launched to an altitude of a few hundred metres or dropped from a platform or a captive balloon. The aim is to carry out a scientific experiment and achieve a safe landing. ESA, http://www.esa.int/Education/CanSat/What_is_a_CanSat.

③ "PLD Space probara' motores de propulsion liquida para la Agencia Espacial Alemana", InfoEspacial.com. http://www.infoespacial.com/es/2016/01/08/noticia-space-probara-motorespropulsion-liquida-agencia-espacial-alemania.html.

PLD 航天公司目前正在研制用于微重力有效载荷发射的亚轨道运载火箭 Arion-1 和用于轨道发射的运载火箭 Arion-2。该公司计划于 2018 年进行首次亚轨道发射，2020 年进行首次轨道发射。PLD 航天公司将先使用降落伞来保证火箭重返大气层，之后再研究动力着陆技术[①]。

这项旨在为未来火箭发射提供主推进技术的研发项目 NEOTEC 获得了技术和工业发展中心（CDTI）大奖。PLD 航天公司成功获得种子基金并开始专注于研发推进技术，从而成功立足于私营航天市场并得到发展。

PLD 航天公司从公共和私人机构获得的投资如图 6-4 所示。

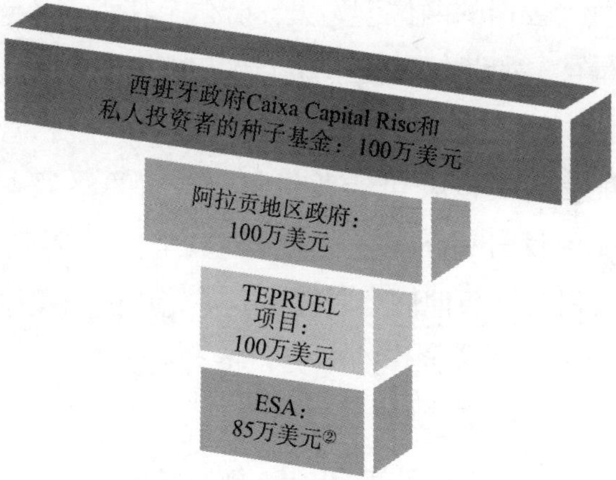

图 6-4　PLD 航天公司的资金来源

（图片来源：ESPI 分析、Crunchbase、PLD 航天公司）

① PLD Space Presentation, July 7th 2014. http://www.pldspace.com/blog/en/2014/02/07/pldspace-presentation/.

② 原著此处数据为“$0, 850”，疑有误。——译者注

2013年1月，PLD航天公司完成了第一轮融资，获得100万欧元的资助[①]。所获得的种子资金来自Caixa Capital Risc、CDTI和Openfinance的Gonzalo de la Peña，Gonzalo de la Peña在本轮投资中仅代表其个人。这些投资者将再度合作并计划于2017年对PLD航天公司进行第二轮投资[②]。2013年获得的融资使PLD航天公司可以开展液体推进技术的研发。私人投资者与PLD航天公司之间的关系简单且相互信任。在PLD航天公司的成功经验中，令人感到惊喜的是欧洲投资者对新的航天参与者的信任，并帮助他们在市场中找到自己的定位。PLD航天公司在首轮融资成功后取得了阶段性成果，并进入第二轮融资[③]。

PLD航天公司的两位创始人，劳尔·托雷斯（联合创始人兼首席执行官）和劳尔·威尔德（首席执行官兼航天技术官）正在努力吸引欧洲和海外的机构投资者及大型私营企业的注意，这可能会改变该公司未来在金融层面的格局。第三轮融资极有可能会吸引到国际投资者，尤其是美国投资者的参与，PLD航天公司已经与他们有过接触。一轮可能由美国投资者牵头或仅与美国投资者合作的融资，将有助于PLD航天公司的

① 与图6-4中“100万美元”不一致，疑有误。——译者注

② PLD Space, Data from CrunchBase. https://www.crunchbase.com/funding-round/bb035e21c6271944a588f737d8e3ed96.

③ It is important to notice that the average age of entrepreneurs changed since the last 15 years, from 40 to 30. The two founders of PLD Space were under 25 when they start working on this project and today at 30 they are managing one of the most influential start-up in the European landscape, as it was defined.

小型卫星发射服务从欧洲市场拓展到全球市场[①]。PLD 航天公司目前已经收到了来自欧洲和美国（机构、私营企业和学术界）总计 5 400 万美元的投资意向书，这表明 PLD 航天公司的未来发展被普遍看好[②]。

PLD 航天公司也获得了西班牙政府机构的认可，它从西班牙政府和阿拉贡地区政府获得了 2 个新项目：2016 年 4 月，PLD 航天公司获得 156 万美元的资金，用于开展西班牙可重复使用运载火箭推进技术（TEPRUEL）的研制工作。该项目旨在帮助这家初创企业实施其液体火箭发动机计划，推动欧洲小卫星产业发展，并帮助该公司继续开发 Arion-1 运载火箭。与西班牙政府机构的合作标志着 PLD 航天公司的努力获得了认可，有助于 PLD 航天公司从私人投资者那里获得更多信任。实际上西班牙政府与 PLD 航天公司之间早有联系：早在 2012 年第一轮融资结束之前，西班牙技术和工业发展中心（CDTI）就通过 NEOTEC 项目基金与 PLD

① PLD Space Blogger, "The Spanish Government supports PLD Space launchers development with a $1.56 M TEPREL program", PLD Space Blog, April 7th 2016. http://www.pldspace.com/blog/en/2016/04/07/spanish-government-teprel-program-aprroved/#sthash.3juQ2aXQ.dpuf.

② C. Henry, "Spanish propulsion start-wants to build Europe's first reusable rockets", SpaceNews, Nov. 30th 2016. http://spacenews.com/spanish-propulsion-startup-wants-to-build-europes-firstreusable-rockets/.

航天公司签订了基础合同[①]。

与众多机构的合作对于PLD航天公司非常重要，这不仅说明该公司获得了西班牙政府提供的支持，而且还说明公司与欧洲机构，包括欧盟委员会和欧洲各国国家航天部门都有合作关系。2017年，PLD航天公司的表现尤为出色。2015年年底，它与德国航天局（Deutsches Zentrum für Luft-und Raumfahrt，DLR）签署了一份合同，PLD航天公司将利用其在西班牙的基础设施——特鲁埃尔机场（Teruel Airport）进行推进试验。这是西班牙公司首次测试液体推进系统，具有特别的意义。该合同是SMILE（欧洲小型创新运载火箭）项目的一部分。SMILE项目是在地平线2020计划框架下于2016年5月正式启动的，其目标是使小卫星可以独立发射进入空间[②]。SMILE项目共有13家公司和机构参与（2016—2018年），他们负责在安托亚建造适用于50 kg以下

① NEOTEC is a fund of funds created in 2006. This fund is a joint venture between the European Investment Fund (EIF) and a Spanish government entity advised by the EIF including Spanish Blue Chips as investors. The NEOTEC's aim is to invest in technology funds in Spain. European Investment Fund, Annual Report 2012. http://www.eif.org/news_centre/publications/eif_-annual_report_2012.pdf.

② The project received 4 million euros from the H2020 programme. T. Abrahamsen, "SMILE: Launch of Small Innovative Launcher for Europe", Andoya Space, May 31st 2016, http://andoyaspace.no/?p=2282.

小卫星发射的运载火箭①。

参与 SMILE 项目对 PLD 航天公司很重要，原因有两点：

- PLD 航天公司通过参与 SMILE 项目以及与 DLR 的严格合作可增加其自身价值，并进一步强化其发展战略目标。
- 在西班牙进行测试的技术是一项新型推进系统技术，其目标是搭载由碳纤维材料制造的轻型有效载荷。这项新技术正在西班牙进行首次测试，代表在这项可能改变小卫星和微小卫星发射前景的技术研发中，西班牙是主要的参与者。

欧洲空间局（ESA）也被这家西班牙初创企业的潜力所吸引，并选择 PLD 航天公司领导液体推进段回收（LPSR）项目，该项目是未来运载火箭准备计划（FLPP）的一部分。这份合同要求 PLD 航天公司研发新型技术，以实现欧洲可重复使用运载火箭。该项目获得了 75 万欧元的资助，并使 PLD 航天公司通过开发 TEPRUEL 项目获得 CDTI 授予的大奖②。

---

① Among the companies that participated in the project are the Netherlands Aerospace Centre (NLR), German Aerospace Centre (DLR), Nammo Raufoss AS, Terma, Andoya Space Centre (ASC), the National Institute for Aerospace Research, Innovative Solutions in Space (ISIS), 3D Systems Leuven, PLD Space, Tecnalia, BoesAdvies, and WEPA Technologies.

② PLD Space Blogger, "PLD Space gets ESA support to develop the first reusable launch vehicle technologies in Europe", PLD Space, Nov. 7th 2016. http://www.pldspace.com/blog/en/2016/11/07/pld-space-esa-support-reusable-launch-vehicle-europe/.

PLD 航天公司未来的发展如何将取决于欧洲新航天市场的发展以及 ESA 和欧盟委员会确定的发展方向。PLD 航天公司能够“驾驭”这一场新的太空竞赛浪潮。尤其是 PLD 航天公司在国家层面可以吸引公共和私人投资的能力，对于一家小型公司而言无疑是巨大的成功。PLD 航天公司降低航天发射价格并为发射市场（如 SpaceX）引入新价值的目标为欧洲航天注入了新的活力，可能成为推动和激励非欧洲投资者的主要动力。与 DLR 和 ESA 的合作将为这家年轻的创业公司（被称为“欧洲 SpaceX”）铺平新的道路。

6.4　D-Orbit 公司

意大利私营航天创业公司 D-Orbit 致力于解决空间碎片问题。D-Orbit 公司成立于 2011 年，它的目标是要从根源上清除空间碎片，为此该公司开发了可以安装在卫星上的 D3 调试设备，该设备可以安全地清除地球轨道上的太空垃圾。

D-Orbit 曾被评为全球 100 家最具创新性的创业公司之一。尽管公司创始人全是意大利人，并且总部位于靠近科摩的伦巴第地区，但这个想法却是在美国诞生的。当时公司的首席执行官卢卡·罗塞蒂尼（Luca Rossettini）遇到了朱塞佩·图西万（Giuseppe Tussiwand）和托马斯·帕诺佐（Thomas Panozzo）。罗塞蒂尼在美国 NASA 位于硅谷的艾姆斯中心工作一段时间后，三人带着一个项目和一份商业计划书返回意大利开始寻找投资者。

尽管有在美国的工作经验，D-Orbit 的创始人还是决定回到意大利，在那里他们体会到了美国和欧洲对待商业航天发展的不同态度。美国为航天产业生态系统提供的机会是欧洲所无法相比的：美国是由市场驱动创新。美国投资者思维的灵活性和坚定的初创理念对于 D-Orbit 公司和空间碎片清除项目的设立起着至关重要的作用。美国投资者，尤其是硅谷表现出的极大灵活性确保了市场上的创业公司有更好的生存机会。相比之下，欧洲理念的僵化和对航天产业的不同认识为初创企业提供了更严酷的环境。尽管如此，D-Orbit 公司的创始人并没有留在美国，而是选择以合理的成本聘用意大利当地的优秀工程师，这些工程师同样具有非常高的适应性和灵活性[①]。带着商业计划回到意大利后，D-Orbit 需要做的就是寻找投资者。

D-Orbit 公司获得的第一笔融资来自 Quadrivio SGR 公司，约为 42 万美元。这笔融资帮助 D-Orbit 公司在成立之初可以开展基本研发工作。在随后的几轮融资中，D-Orbit 公司获得的资金有所增多。随着时间的推移，D-Orbit 公司开始逐渐获得投资者的信任。它所获得的大部分天使投资和风险投资均来自意大利投资者，例如 Quadrivio SGR，它在 D-Orbit 公司的发展过程中提供了重要的资金支持。此外，还有 Como 风投、Club degli Investitori、TT 种子基金、TT 风投和已经为 PLD 航天公司提供种子融资的西班牙 Caixa

① Italian Business Tips. D-Orbit, the Italian start-up that keeps space clean-Interview with Luca Rossettini, CEO. March 18th 2016. http://www.italianbusinesstips.com/d-orbit-keeps-space-cleaninterview-luca-rossettini/.

基金[①]。

之后，D-Orbit 公司遇到了吸引第一批投资者的好机会：罗塞蒂尼遇到了具有航天工程背景的风险投资者 Nicola Revi。二人之间的关系以及 Revi 的技术知识既有助于打破外界对 D-Orbit 公司最初的怀疑态度，也为 D-Orbit 公司获得新融资铺平了道路。

截至 2014 年年底，D-Orbit 公司账户余额约为 202 万美元，并且业务已经扩展到葡萄牙。2014 年 3 月，D-Orbit 公司在第 3 届“构建全球创新者”大赛中赢得了 Caixa 基金颁发的“消费产品及服务”奖，之后在葡萄牙里斯本开设了分支机构，并出现在 Caixa 基金的投资名单中[②]。2015 年，在另一轮由 Club Degli Investitori 主导的融资中，D-Orbit 公司募集到约 140 万美元的投资。这轮融资使 D-Orbit 公司进入了一个新阶段，即从原来的目标设想阶段到项目设计阶段再到市场运作实施阶段[③]。迄今为止，D-Orbit 公司的融资总额

---

① D-Orbit. Investor relations. http://www.deorbitaldevices.com/investor-relations/.

② Caixa Capital. D-Orbit, Srl, (Italy, Milan) opened its subsidiary D-Orbit PT in Lisbon. Caixa Capital, March 24th 2014. http://caixacapital.pt/en/news/news/d-orbit-srl-italy-milan-opened-itssubsidiary-d-orbit-pt-in-lisbon/. See also: SAPOTEK. Startup internacional D-Orbit abre sucursal em Portugal. March 24th 2014. http://tek.sapo.pt/noticias/negocios/artigo/startup_internacional_d_orbit_abre_sucursal_em_portugal-1373809tek.html.

③ FINSMES. D-Orbit Raises €1.83 M in VC Funding. Oct. 8th 2015. http://www.finsmes.com/2015/10/d-orbit-raises-e1-83m-in-vc-funding.html.

约为 615 万美元[①]。

D-Orbit 公司与众不同的竞争优势有三点：

- 制造独一无二的创新产品；
- 工程标准高；
- 对环境具有积极影响[②]。

D-Orbit 公司的工作也得到了联合国和平利用外层空间委员会（COPUOS）的认可，该委员会认为作为商业航天产业的新公司，D-Orbit 公司的努力和清洁太空的目标，都具有积极意义。

还有两方面需要特别强调：一是 D-Orbit 公司在地平线 2020 框架内开发的 D-3 产品已经进入第二阶段；二是 ESA 启动了 E-Deorbit 项目，这是一个类似于 D-Orbit 公司在 2012 年至 2013 年期间开发并部分测试的系统项目。D-Orbit 公司将参与到 E-Deorbit 项目中，届时可以为 ESA 及其成员国节省资金。

2017 年 3 月，D-Orbit 公司将发射第一颗自主研制的技术验证卫星。此外，D-Orbit 公司将参与欧盟的航天器自动清除技术（TeSeR）项目，与空中客车防务与航天公司合作，减少航天器与空间碎片碰撞的风险。D-Orbit 公司将在项目

① D-Orbit Profile on Pitchbook. https://pitchbook.com/profiles/d-orbit-profile-investors-fundingvaluation-and-analysis.

② D-Orbit is the only Italian B-corporation.

启动后获得地平线2020框架[①]下280万美元的资金支持，该支持将持续到2018年。此后，空中客车防务与航天公司将使用自有资金投资该项目，这个项目的目标是开发一个能够减少碰撞风险、清除失控航天器的低成本样机，D-Orbit公司将为失控航天器的受控清除系统设计子系统。

① The funds have been allocated under the Grant Agreement No. 687295. Airbus Defence and Space. Airbus Defence and Space to lead TeSeR, next EU project to clean up space. Airbus Press Release. May 4th 2016. https://airbusdefenceandspace.com/wp-content/uploads/2016/05/pressrelease-teser-en.pdf. See also: D-Orbit. D-Orbit onboard TeSeR, a major EU project to clean up space debris. D-Orbit Press Release. May 24th 2016. http://www.deorbitaldevices.com/wpcontent/uploads/2015/11/20160523-PR-D-Orbit-onboard-TeSeR.pdf.

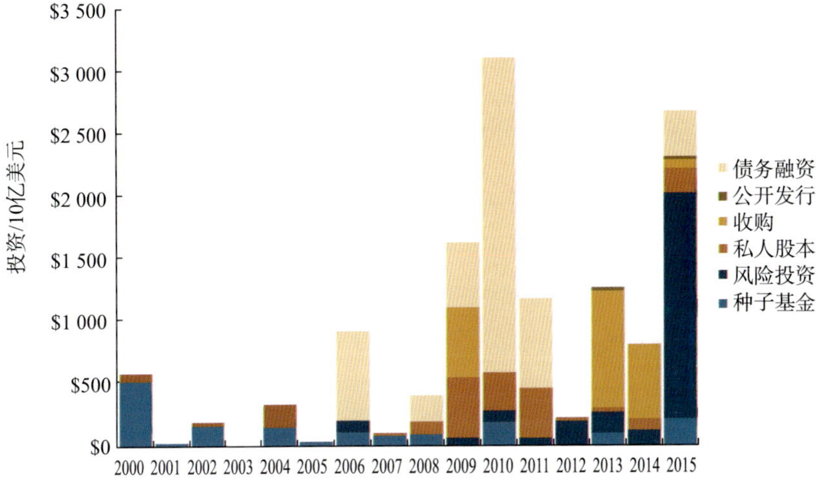

图 2-1　2000—2015 年美国航天公司的投资规模和类型（P40）
[（图片来源：金牛座集团（Tauri Group）]

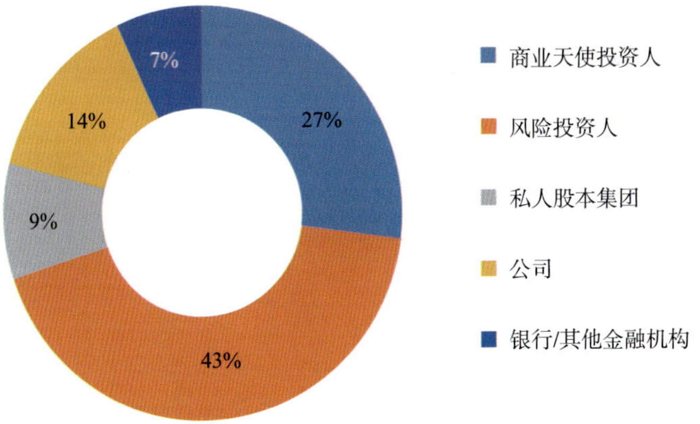

图 2-3　2015 年活跃的航天投资者占比（P43）
（图片来源：ESPI 分析、金牛座集团）

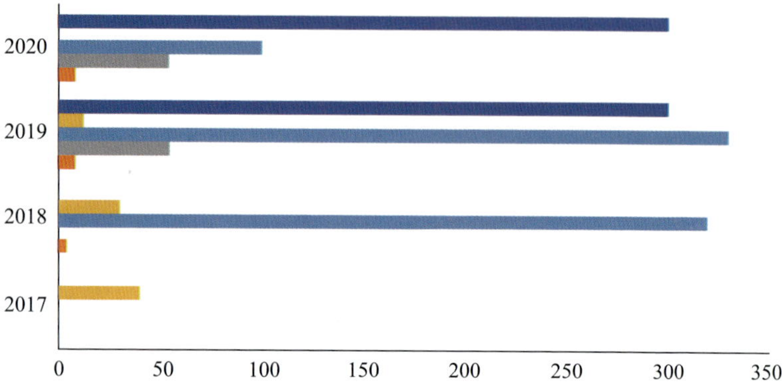

	2017	2018	2019	2020
SpaceX			300	300
Iridium-Next	40	30	12	
OneWeb		320	330	100
低轨卫星公司(LeoSat)			54	54
O3B		4	8	8

图 4-1　计划发射的卫星（2017—2019）（P64）
［数据来源：欧洲空间政策研究所、美国联邦航空局（FAA）、金牛座集团］

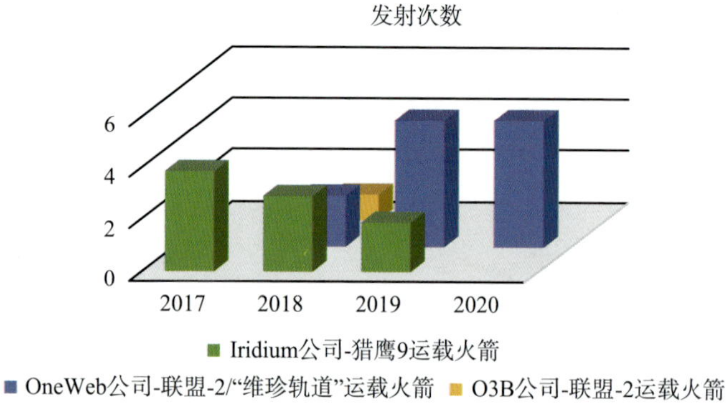

图 4-4　2017—2020 年间的发射数量预测（P75）
（数据来源：ESPI 分析公司、FAA、金牛座集团）